心の力

人生に奇跡を起こすたった1つの方法

高橋佳子

数千名もの方々が水を打ったように
静かに集中して耳を傾ける、著者の講演会。
1人ひとりの内界に新たな気づきと感動が起こり、
そのエネルギーが共鳴し合う場が生まれてゆく。

何が起こるかわからない
混迷極《きわ》まる時代
これまでの前提・価値観・常識
すべてが変わってゆく

だからこそ1人ひとりが
内なる「心の力」を引き出すことが必要なのだ

心は宇宙と共鳴し
無限の力と計《はか》り知れない可能性を
発揮《はっき》することができる

「心の力」は
起死回生《きしかいせい》の現実を導き
想像を超えた未来を生み出す

心の力

人生に奇跡を起こすたった1つの方法

高橋佳子

目次

第2章

心のはたらき——感覚・感情・思考・意志 89

第3章

第4章

憑きもの落とし——「心の力」を解放する 221

（写真のキャプション／編集部作成）

プロローグ――「心の力」の時代へ

激動の時代に身を置いている私たち

今、私たちが身を置いているのは、加速度的に変化する激動の時代です。

2007年に登場し、2010年代に世界を席巻《せっけん》したスマートフォンが、またたく間に私たちの生活をインターネットと一体のものに変えてしまったように、私たちの周囲には、世界に大きな変貌《へんぼう》をもたらす技術が数多く誕生しています。

量子《りょうし》コンピュータは、現行のコンピュータの何万倍もの計算能力を秘《ひ》め、遺伝子編集技術は、生命科学の可能性を大きく広げています。ブロックチェーン技術は、金融システムのあり方を根底から覆《くつがえ》しつつあり、ブレイン・マシン・インターフェース（BMI）は、脳とコンピュータを直接つなぐ未来を現実にしようとしています。ドローンや自律走行技術を含《ふく》む高度ロボティクスは、新たな流通を生み出そうとし、アイデアを即座に具現化する3D《スリーディー》プリンティングは、製品化のプロセスを爆速化《ばくそくか》するものです。

かつて空想の次元にしかなかった革新が、次々と現実のものとなっているのです。

その中で、ここ数年でもっとも大きな変化をもたらすと言われているのが、AI《エーアイ》（人工知能）です。

今から半世紀以上前、１９６８年に公開された『２００１年宇宙の旅』という映画では、宇宙飛行士とハルというＡＩが会話するシーンが中心となっています。当時は、そのような「会話」が成立するのは架空《かくう》の物語の中であり、まさにフィクション、ＳＦの世界でした。

しかし、最新の人工知能ChatGPT《チャットジーピーティー》は、まさにその会話を可能にしています。ChatGPTは、実に巧《たく》みに、そして自然に、私たちと対話を重ねることができます。

それだけではありません。人間にしかできないと言われてきた、創造的で、高度に専門的な分野においても、人工知能が人間と同等、場合によっては人間を凌駕《りょうが》する実績を上げるようになってきました。

これまで、ＡＩの進化によって、「置き換《か》え」可能と言われてきた職業は、多くの事務職です。会計士、税理士、翻訳家などもそこに含まれていました。

しかし、ネット上にあふれるＡＩが生成したイラストが、それだけではないことを示しています。ＡＩはネット上のすべての情報を吸収し、駆使《くし》して、疲《つか》れを知らないかのように、あらゆるヴァリエーションを淡々《たんたん》とつくり出してしまうのです。

ＡＩ《エーアイ》が世界を変えてゆく

もちろん、それらの作品のクオリティは、現時点では決して高くはありません。

それでも、やがてイラストやデザイン、写真などは、ごく一部の優れたプロの作品以外は、ＡＩの作品だけになってゆくのではないかと考えられています。

一昨年、世界的な写真コンテストである「ソニーワールドフォトグラフィーアワード２０２３」の優勝作品の出品者が、ＡＩによって制作された作品であることを明かして受賞を辞退しました。作品は、主催者側によって受賞作品から削除されましたが、はからずもＡＩの力が示されたエピソードです。

さらには、小説家や脚本家、コピーライター、新聞記者など、言葉の世界も、ＡＩの独壇場《どくだんじょう》になるかもしれません。ある程度のレベルの作品や仕事ならＡＩで十分ということになり、生き残れるのは優れた一握《ひとにぎ》りの人たちだけと言われているのです。

個々の仕事だけではありません。人間社会を支えるインフラシステムの多く——電力の配電システムや公共交通の運行システム、上下水道の調整システム、ネット上の様々な手続きの応答システムなどはみな、ＡＩの守備範囲《はんい》です。

しかも、日常的にＡＩを使うことで、人間の知的能力は相対的に減退してゆくというのです。あなたも、コンピュータやスマートフォンを使ううちに、漢字が書けなくなったという経験があるのではないでしょうか。まさにそれと同じことが、ものごとを調べたり、考えたりすること全般《ぜんぱん》に及《およ》んでしまうのです。

人間の知力が少しずつ衰《おとろ》える一方で、ＡＩはますます賢《かしこ》くなり、神のごとき力をもつようになる――。その現実に、私たちはどう向き合ってゆくのでしょうか。

「答えがない問題」にどう答えるのか

ＡＩ《エーアイ》が得意とするものは、どのようなものでしょうか。

チェスや将棋、囲碁などのゲームに関しては、もはや人間はＡＩに太刀《たち》打《う》ちできないと言われています。

「Ａ」という手か「Ｂ」という手か、どちらの手が最善手《さいぜんしゅ》なのか。この問いに対しては、チェスのチャンピオンや将棋の名人よりも、ＡＩの方が正しい答えを選択します。

医療における画像診断《しんだん》でも、肺炎や肺がんなどの検出において、ＡＩは、人間の医師と同等か、それ以上の能力を示し始めているのです。

ＭＲＩ《エムアールアイ》の画像を見て、診断「Ａ」と診断「Ｂ」、どちらの診断を下《くだ》すのか。この選択に関しても、ＡＩは非常に正確な診断ができるのです。

重要なことは、これらは、「答えがある問題」であるということです。計算によって正解が導ける。合理的な考えを推《お》し進めれば、１つの正解が出てくる問題だということです。

しかし、現実の世界はどうでしょう。

たとえば、子どもたちのいじめの問題や進学の問題。１人ひとりの状況によって、周囲との関係によって、すべてを単純に解決できる正解を見出《みいだ》すことは困難でしょう。

また、家族の間で生じる問題、介護の問題や嫁姑《よめしゅうとめ》の確執《かくしつ》、相続の問題……どれも一筋《ひとすじ》縄《なわ》では解けない問題ばかりです。職場で生じる人間関係のあつれきも同じです。「こうすればよい」と単純に言える問題ではありません。

なぜなら、それらはみな、「答えがない問題」だからです。ゲームや画像診断のように、単なる合理的アプローチによって１つの正解が見つかるものではないということです。

そして、今、人類を悩ませている問題の大半は、このような「答えがない問題」にほかなりません。

たとえば、わが国の移民問題。人口減少で不足する働き手を補うために、入国条件やビザを大幅《おおはば》に緩和《かんわ》し、外国人保護を手厚くすれば、多くの外国人が流入します。しかし、その一方で、ヨーロッパのように社会秩序《ちつじょ》が不安定になり、治安《ちあん》が悪化し、労働力以上に深刻な問題を誘発《ゆうはつ》する可能性もあります。

そればかりでなく、環境問題、経済問題、安全保障問題……みな、「答えがない問題」と言えるものです。

こうした問題に対して、私たちは、その判断をＡＩに委《ゆだ》ねることができるでしょうか。多くの人々は、ＮＯ《ノー》と言われるのではないでしょうか。

どのような選択をするにせよ、その判断は、人間によってなされなければならないのです。

何が本当で何が確かなのかがわからない時代

では、その判断を委《ゆだ》ねられる私たちは、どのような状況にあるのでしょうか。

「何が本当で何が確かなのかがわからない」

今、社会の中でそういう感覚を抱《いだ》く人が、実に多くなっているのではないでしょうか。

私たちは、何かを信頼《しんらい》することで、自らの生き方の指針を確かにしてきました。

その信頼の対象は、時とともに移り変わります。両親から始まり、地域の人々、学校の先生や地元の政治家、作家や芸能人、スポーツ選手などに、生き方の指針を求めるようになって、今に至《いた》っていると言えるでしょう。

そして、現代に生きる私たちがとりわけ信頼し、ときに生き方の指針としてきたのは、テレビや新聞などのマスメディア、マスコミではないでしょうか。

「テレビで取り上げられるくらいなのだから、本当だ」

「でも、テレビでは全然、話題にならないよね。嘘《うそ》だからなんじゃないの?」

「テレビや新聞で取り上げられれば本当のこと」という感覚はごく一般的で、いわば、その情報が真実かどうかの判断の拠《よ》りどころとしての役割を、これまでマスコミは果たしてきたのです。

ところが、今日《こんにち》、状況は大きく変わりつつあることを多くの人々が感じています。

ユーチューブなどのSNS《エスエヌエス》の浸透《しんとう》によって、かつてはテレビや新聞、週刊誌にしかできなかった情報発信を、一般の人々ができるようになり、そこには、マスコミには登場しない、深い知見をもった専門家も加わるようになっています。

その結果、テレビや新聞の発信が、実はときにきわめて一面的で、重要な論点が抜《ぬ》け落ちたり、故意に避《さ》けられたり、場合によっては、かなり偏《かたよ》った情報であることが広く意識されるようになりました。

その象徴的《しょうちょうてき》な例が、昨年（２０２４年）の兵庫県知事選挙ではないでしょうか。

当初は、テレビや新聞の連日の報道によって、知事には多くの問題があり、知事として不適格であるという認識がつくられてゆきました。

ところが、その後、知事を実際に知る人々や県議会の問題を知る人々が、ＳＮＳなどを通じて、テレビや新聞の報道がかなり偏ったものであるという情報発信を始めました。

たとえば、問題の発端《ほったん》となった告発文を裏《うら》づける明らかな事実が見当たらないこと、また、告発の背景には、従来の受益《じゅえき》構造を変えようとしている新知事を快《こころよ》く思わない人々の思惑《おもわく》があることなどが次々にアップされていったのです。

もちろん、ネットの情報は玉石混淆《ぎょくせきこんこう》です。それはマスコミの情報も同じですが、玉と石の混在の幅《はば》がより大きくなっているのも事実です。とんでもない嘘が含《ふく》まれていることも少なくありません。

マスコミの情報とネットを中心とする情報がまったく異なり、それらが交錯《こうさく》する中で、県民の皆さんは、いったい何を信じるべきなのか、１人ひとりが自分で考え、判断することになったのです。

結果的に、やり直し選挙では、告発された知事が再選されました。

その評価は人それぞれでしょう。ただ、少なくとも、何が本当かを判断するにあたって、かつて県民がマスコミに寄せていた信頼が、今や大きく揺《ゆ》らいでいることは確かなのではないでしょうか。

何が問われているのか——もう1つの問題

私たちもまた、これからの時代、ものすごいスピードで変化する世界の中で、玉石混《ぎょくせきこん》淆《こう》の情報の海を泳いでゆかなければなりません。

かつてないほどに、1人ひとりが自分で判断する力が問われる時代の入口に立っているのです。

それが新しい時代からの呼びかけであることは間違《まちが》いないでしょう。

しかし、先の出来事をさらに見つめるなら、そこにもう1つの隠《かく》れていたテーマが浮かび上がってくるのです。

本来、マスコミが抱《いだ》いている社会的な使命の1つは、複雑な関係の中で生じる様々な事象の本質、「真実」を追求することではないでしょうか。

「真実」よりも尊いものはない。その精神によって、ジャーナリストは、いかなる権力にも屈《くっ》せず、いかなる誘惑《ゆうわく》にも流されずに活動を維持《いじ》することができます。

マスコミのはたらきに託《たく》された青写真（本来実現されるべき現実）があるとするならば、それは、物質的な価値を超える「真実」への飽《あ》くなきアクセスによって成就《じょうじゅ》するものでしょう。

しかし、現代社会においては、すべての営《いとな》みが唯物的《ゆいぶってき》な考え方や生き方の影響を色濃《いろこ》く受けざるを得ません。その影響を一言で表すならば、「目に見えないものや精神性を軽《かろ》んじて、目先のこと、お金のこと、自分のことに終始してしまうこと」——。「今さえよければいい。お金さえあれば大丈夫《だいじょうぶ》。自分さえよければ、あとはどうなってもかまわない」という、本来のバランスを失った風潮を生み出すものです。

実際、ジャーナリズムに関わりながら、様々な関わりの中で、最大の物質的利益を生み出すように動く——。そんな生き方が当たり前のようになっていたのではないでしょうか。

物質的利益とは、たとえば、経済的利益につながったり、視聴率《しちょうりつ》や自分の評価が上がったり、業界の話題になったり、関係がよくなったりすることです。

ジャーナリズムが奉仕《ほうし》すべき「真実」は、その利益を超えたところにあります。そのはたらきが本来の姿を現すためには、物質的次元を超える必要があるのです。

そして、そのことが問われるのは、他のはたらきも同じではないでしょうか。

社会を支えている人間の営み――医療、法務、教育、福祉、政治などは、いずれも気《け》高《だか》い志と願いから始まったものです。もっとも物質的だと考えられている経営でさえ、誰《だれ》かの願い、志から始まったに違いありません。

もちろん、どのような分野でも、現実的、物質的な努力をすることは必要です。それらが具体的現実を生み出すことは確かだからです。

しかし、その核心《かくしん》の部分で、志と願いを掲《かか》げて始まったすべての職業やはたらきは、物質的次元を超える歩みによって、それぞれが抱く青写真に近づくことができるのです。

それこそ、圧倒的《あっとうてき》な唯物的な生き方の流れに抗《あらが》い、その流れのバランスを取り戻《もど》す歩みが必要な理由です。

本書も、そして本書を支える「魂の学」も、圧倒的な唯物的流れを何としてもとどめんとする志をもって、この世界に現れたものにほかなりません。

そして、私は、その趣旨《しゅし》に賛同《さんどう》し、物質的発展と精神的深化の調和を取り戻そうとする多くの同志と歩みを進めています。

だからこそ「心の力」が必要である

もう一度、言いましょう。

私たちを巻き込《こ》んで加速度的に変動する世界、そして、周囲にあふれる玉石混淆《ぎょくせきこんこう》の情報の流れの中で、私たちは往《ゆ》くべき道を自らが選択《せんたく》することを求められています。

そして、社会を物質的な次元へ押し流そうとする唯物的《ゆいぶつてき》生き方の強固な流れにいかにして抗《あらが》い、時代の青写真を同じ時空《じくう》を生きる人々と共に実現できるのか——そのことを要請《ようせい》されているのが私たちです。

だからこそ、私たちには、外なる世界のどんな変動にも応《こた》え得《う》る、内なる「心の力」が求められています。この世界のあらゆるものを物質的な次元へ押し流そうとする唯物的流れに負けない「心の力」が、どうしても必要なのです。

なぜなら、いかなる現実が現れようと、それと向き合い、未来を決定してゆくのは、結局のところ、1人ひとりの心だからです。私たちは、心を覚醒《かくせい》させ、「心の力」を増強しなければなりません。

そして、私たちには、その「心の力」によって、新たな未来を切り開き、「心の力」を共鳴させて「答えがない問題」に道をつけてゆくことが求められています。

重要なことは、誰《だれ》もがその力をすでに抱《いだ》いているということです。世界からの圧力がどれほど強くても、不確実性がどれほど高くても、最善の道を進むことができる「心の力」を私たちはもっているのです。

その「心の力」の源泉《げんせん》は、私が「魂」と呼ぶ次元にあります。「魂」には、多くの人々の想像を絶するような智慧《ちえ》とエネルギーが眠《ねむ》っています。

しかし、誰もがこの世界に誕生すると同時に、「魂」を肉体に埋没《まいぼつ》させ、それゆえに多くの限界を生み出してしまうのです。

私たちは、これから「心」が抱《かか》える限界を取り払《はら》い、「心の力」を解き放《はな》つ歩みに向かいたいと思います。

多くの人にとって、あまりにも当たり前になり、見過《みす》ごされがちな真実があります。

それは、「心は現実を左右し、未来を決定する」ということです。

心が変われば、現実も変わる。

心によって、私たちの現実、私たちの人生は大きく変貌《へんぼう》する――。

それだけではありません。**私たちの「心の力」は、本来、魂に根ざし、宇宙自然とつながって共鳴するものです。「心の力」を解き放つとは、魂の次元から、限りない智慧とエネルギーを引き出すことでもあるのです。**

本書がめざすのは、それだけの可能性を抱いている「心の力」を1人ひとりが取り戻《もど》してゆくことです。

誰もが、自分がまだ知らない「心の力」を抱いています。その力を封印《ふういん》しているものを発見して、それを無力化し、「心の力」を解放すること――そのとき、私たちは、小さな自分という枠《わく》をはみ出して、宇宙と響《ひび》き合う「心の力」を発揮《はっき》する1人ひとりに変貌するのです。

本書を手にしてくださったあなたに、そのような「心の力」と出会う日が訪れるならば、それ以上の歓びはありません。

２０２５年４月

高橋佳子

第1章 宇宙と響き合う「心の力」

——命の共鳴理論

「確かに心は大切だが、現実を変える力はない」

「心の力では、世の中の問題は解決しない」

多くの人が試練や問題に直面するたびに
そうつぶやいている。

しかし、心と現実は2つで1つ。

あなたの内には、想像を超えた「心の力」が眠っている。

心は、宇宙と共鳴し、起《き》死《し》回《かい》生《せい》の現実を生み出すのだ。

「心の力」って何？

「心の力」とは何かと問われたら、あなたはどう答えられるでしょうか。

「一念岩をも通す」――。まさに「信念の力」のことを思う方がいるでしょう。

「ものごとを受けとめる受容力や共感力こそ心の力だ」と言う方、「逆境やストレスに耐《た》えてゆく忍耐力《にんたいりょく》こそ心の力だ」と言う方もいるに違《ちが》いありません。

また、「新たな現実を構想し、創造する力こそが心の力の真骨頂《しんこっちょう》だ」と言う方、「いやいや、実際の行動力、実行力こそが、結局、心の力なのだ」と言う方もいるのではないでしょうか。

「心の力」について尋《たず》ねれば、議論百出《ぎろんひゃくしゅつ》、様々な意見があふれるはずです。

本書を手にしてくださった方なら、人間がもつ「心の力」に対して、何らかの関心や憧《あこが》れを抱《いだ》いているのではないでしょうか。

一方で、「心の力」は、道徳や倫理《りんり》に関わることで、現実的な生活や日常の課題とは別のもの、と考える人もいるかもしれません。

確かに「心の力」は大切かもしれない。しかし、現実の問題解決に直接的な影響力をもつのは、財力や人縁《じんえん》の力。さらに、偶然《ぐうぜん》や運の力も絶大であり、心の力が及《およ》ぶ範囲《はんい》は極《きわ》めて限定的——。そんな気持ちを抱いている方も少なくはないでしょう。

この「心の力」をテーマに掲《かか》げる本書の出発点は、「心」と「現実」の関係に目を開くことです。そこにこそ、真に「心の力」を探究してゆくスタート地点があるのです。

日々の繰《く》り返しの中で「現実は変わらない」

様々な問題を解決したり、ものごとの青写真にかなった現実を生み出したりすることは、決して容易なことではありません。

私たちは、その困難に直面するたびに、こうつぶやいてきたのではないでしょうか。

「現実は、簡単には動かない——」

まるで強力な磁場《じば》に現実が縛《しば》られているようです。そして、その磁場が生まれているのは、ほかでもない私たちの日常です。

そして、私たちの日常は、繰り返しの中にあります。

会社勤めの方ならば、朝起きて食事をすませ、駅に向かい、いつもの電車に乗って会社に着く。いつもと同じように午前中の業務を行い、いつもと同じような昼食。

午後の業務も同じように続いてゆき、そこにはいつもの人間関係が繰り広げられ、い

つもと同じような会話が交わされる。

時間が来れば、行きと反対方向の電車に乗って家に帰る。夕食を取り、風呂に入って、気がつけば、もう1日が終わっている。

サラリーマンばかりでなく、多くの人にとっての日常とは、同じような繰り返しに満ちているものです。

それは、まるで砂時計のようなものです。1日をかけて、上から下に砂が落ち、次の日になると、砂時計の上下をひっくり返して、再び上から下に砂が落ちる。そしてまた次の日も……というように、いつもと同じ時が流れているのです。

その繰り返しの中で確かなことは、「現実は変わらない」ということです。

「心が変わらない」から「現実が変わらない」

でも、ここで大切なことは、「現実」が変わらないというのは、事実の半分でしかないということです。

残り半分の事実――。それは、「心」が変わらないということです。

どういうことでしょうか。

私たちの「心」と「現実」は、コインの表と裏のようなもの。この2つは、実は分かちがたく結びついていて、2つで1つの存在だということです。

Aの「現実」には、Aの「心」。

Bの「現実」には、Bの「心」。

Aの「現実」をBの「心」で生み出すことは困難で、Bの「現実」をAの「心」で導くことも実にむずかしいのです。

「現実」が変わらないという事実を前にして、私たちは「どうすることもできない」と感じるかもしれません。しかし、まだやるべきことがあります。

「現実が変わらない」のは、「心が変わらない」からです。

「心」が変われば、「現実」は変わる——。「心」を変えれば、「現実」を変えることができるということです。

重要なことは、そう断言できるほど、「心」と「現実」は2つで1つだということです。

心と現実の関係

「心」と「現実」の関係。それは、次ページの写真のようなものです。

心と現実は2つで1つ

これは、ハドソン川の川面《かわも》に映ったニューヨーク・マンハッタンのビル群です。「心」と「現実」の関係は、この上下2つのビル群の関係に重なります。

この写真の川面に映ったビル群だけを消すことも、現実のビル群だけを消すこともできません。片方が存在するから、もう片方が存在する。「心」と「現実」の関係もこれと同じなのです。

あなたは、「心」と「現実」について、どんな印象をもっているでしょうか。

「現実」は、実際にそこにあり、確実で具体的なもの。

誰《だれ》もが、目の前の現実に圧倒的《あっとうてき》なリアリティを感じるのではないでしょうか。

この写真で言えば、上半分は、実際そこに存在するリアルなビル。「現実」とは、そういう実体を伴《ともな》った「実像」だと受けとめています。

一方、「心」の中に生まれるイメージや想念、考えは、空気のように、手でつかむことができません。それは流れるように移り変わり、曖昧《あいまい》で空虚《くうきょ》なものです。まさにこの写真の下半分、川面に映るビルのように、現実の「影」に過ぎない——。

しかし、それは本当なのでしょうか。

実は、今ご覧いただいたこの写真は、もともとの写真の上下をひっくり返したものです。つまり、川面に映っていると思っていたビル群が実は実物のビル群で、逆に実物であると思っていたビル群は、川面に映し出された影だったのです。

「心」と「現実」の関係は、まさにこれと同じです。

私たちの「心」は、決して川に映った影ではありません。それは、実際にそこにあり、実体を伴ったリアルなものです。

本書を読み終わったとき、読者の皆さんは、きっと「心」のリアリティを深く実感されるでしょう。

「心は、こんなにもリアルなものなのか」。そう思われるに違《ちが》いありません。

誰《だれ》の中にも「心の力」がある

「心」と「現実」はつながっている。少し考えてみれば、これは不思議なことではありません。

人間の行動が「心」によって生まれることは、誰もが知っています。左に行こうと思えば、左に行くことができ、右に行こうと思えば、右に行くことができる。

「心」によって、「現実」は刻々とその姿を変えてゆく。問われるまでもなく、多くの人が気づいていることなのです。

人間関係にトラブルが生じたとき、相手を責めて断絶状態になりかけても、自分の「心」を振り返ることによって、関係を結び直すことができます。

取引先の倒産《とうさん》で業績が悪化しても、その中で「心」を立て直し、前向きに打開策を探すことができます。

「心」を入れ替《か》えることによって、今まで先送りにしていた課題に改めて挑戦《ちょうせん》することもできます。

悪い習慣を続けていたことを「心」が認めるなら、それを新たな習慣に変えることができます。

「心」が本当に決心したことは、何日も何百日も変わることなく持続できるというのも、「心の力」の一端《いったん》でしょう。

NBA《エヌビーエー》の伝説的選手であるマイケル・ジョーダンは、高校時代、バスケットボールのチームメンバーに落選したことがあります。しかし、そのとき、「心」が自分を否定することなく、それを「努力のモチベーション」として受けとめ、猛烈《もうれつ》な練習を重ねた結果、「史上最高のバスケットボール選手」と呼ばれるまでになりました。

南アフリカで黒人初の大統領となったネルソン・マンデラ氏は、アパルトヘイト政策の下、理不尽《りふじん》にも27年間もの刑務所生活を余儀《よぎ》なくされました。

しかし、釈放《しゃくほう》後、マンデラ氏の「心」が、憎《にく》しみではなく、赦《ゆる》しと和解の道を選んだことで、南アフリカは、新しい民主国家として分断から統合へと導かれることになったのです。


「心」が変われば、「現実」が変わる。

「心」によって「現実」を変えることができる。

それは、特別な人だからできること――そう思う方もいることでしょう。

しかし、誰の中にも、これらに通じる「心の力」があるのです。

そればかりか、人間の中には、想像をはるかに超える力が埋蔵《まいぞう》されているのです。

10の40乗《じょう》の宇宙と一体の人間

私たちが生きている世界、宇宙のことを考えてみましょう。

宇宙は、極微《きょくび》から極大に至《いた》るまで、驚くほどダイナミックで精緻《せいち》なものです。そこには10の40乗の世界が広がっています。10の40乗と言われても、何のことか想像もできないかもしれません。

今から40年以上前、著名なアメリカのデザイナーであるイームズ夫妻が制作した『パワーズ・オブ・テン』という短い映像作品があります。

その映像は、湖畔《こはん》に寝《ね》そべっている男性が映し出されるところから始まります。

そこから、視点がどんどん後退し、10秒ごとに10の1乗分、ズームアウトしてゆき、湖畔全体が現れ、州、合衆国が現れ、そして地球が現れます。さらに太陽系、銀河系と拡大してゆき、最終的には10の24乗のスケールで銀河宇宙を超え、可視宇宙の限界に達します。

すると、一転、下降を始め、湖畔の男性のところに戻ってゆきます。

そして今度は、男性の身体の内部へ、10秒間に10のマイナス1乗ずつスケールダウンしてゆき、細胞《さいぼう》、分子、原子核《かく》、そして素粒子《そりゅうし》レベルの限界、10のマイナス16乗までズームインしてゆき、そこで映像は終わります。

映像の男性は、実はほかでもない、あなた自身でもあります。あなたは、想像を超える宇宙の広がりと精緻なつながりの中に生きているのです。

10の40乗の宇宙世界――。言うならば、私たちは、宇宙という40階建ての建造物に住

んでいるようなものです。

しかし、私たちが普段、見たり触《ふ》れたりしているのは、幅《はば》を広げても砂粒から富士山まで、ミリ単位からせいぜい数千メートルの世界、10のマイナス3乗から10の3乗の世界までです。すなわち、7階分しかありません。その上の階にも、下の階にも行ったことがなく、その住人と会ったこともありません。まるで見えない空間の壁《かべ》が存在しているようなものです。

夜空を見上げれば、たくさんの星が輝《かがや》いています。肉眼で見ることができる星で、もっとも遠く離《はな》れているのは、地球から数千光年の距離《きょり》。10の18乗から19乗あたりに存在している星です。

そのとき、私たちが上の階の様子を見ているのかと言えば、決してそうではありません。なぜなら、私たちが見ている星は、数千年前の姿だからです。その星が数千光年離れているということは、そこから発された光が地球に届くまでに数千年かかるということです。

いかがでしょうか。私たちは皆、このような想像を絶する世界の住人であるということです。そして、この世界は、40階のどの階1つ欠けても成立しません。たった1つの階でもそれが消えてしまえば、この建造物は倒壊《とうかい》し、崩壊《ほうかい》してしまうのです。

ミリよりも10段階も小さい素粒子の世界があって原子の世界が成立し、原子の世界があって分子の世界があり、その上に細胞の世界が生まれている。そして、細胞の世界があって身体が存在し、私たちは生きることができるのです。

一方、宇宙はあらゆる意味でバランスを保っている無限空間です。巨大な銀河団、銀河宇宙があって、銀河系があり、法則に従って太陽系の天体の運行が営《いとな》まれ、地球の安定が生まれています。その地球が穏《おだ》やかに自転と公転を続けることで、世界の国々があり、日本があり、私たち自身が人生を営むことができるのです。

つまり、**極微から極大の世界のすべてがそろって初めて、私たち1人ひとりは今を生きてゆくことができるということです。**

私たちは、このような広大で、すべてがつながり、精緻につくりあげられた世界を生きているのです。

すべての人が、この40階層の世界とつながり、支えられています。

あなたの心臓の鼓動《こどう》の1つ、呼吸の1つ、歩く一歩にも、この40階すべてが関わっています。40の世界と共鳴することによって、初めてその1つの行為が可能になるのです。

共鳴する「心の力」

つながっているのは、身体だけではありません。心の世界、内宇宙もまたつながりに満ちています。

外なる世界は、あらゆるものが「物質の法則」に従って、生成と消滅《しょうめつ》を繰《く》り返しています。一方、私たちの内なる世界は、「精神の法則」によって営《いとな》まれるのです。

外なる世界には、ここまでお話ししたように、時間・空間の法則があり、その限界を突破《とっぱ》することはできません。少なくとも、私たちが接している外なる世界はそうなっています。

しかし、**心の世界には、時間と空間の限界は存在しません。**

心の中に生じる想念は、瞬時《しゅんじ》にあらゆる世界に通じることができます。

私たちは、一瞬にして、何千キロも離《はな》れた世界のことを心に呼び出すことができます。

何十年も前の出来事を思い出し、その瞬間の感情がありありと蘇《よみがえ》ることもあります。

逆に、何十年も先の未来に想いを馳《は》せ、希望を膨《ふく》らませることもできるのです。

外宇宙が40階建ての建造物であるなら、私たちの内宇宙の広がりも、それに引けを取らないものです。仏教が「心は三千《さんぜん》世界に通じている」と示しているのは、決して偶然《ぐうぜん》ではありません。

唯識《ゆいしき》仏教では、人間の心の奥底、意識の最深部には、阿頼耶識《あらやしき》という貯蔵庫《ちょぞうこ》があると言っています。「魂の学」で言う魂の次元にあたります。

この貯蔵庫には、過去のあらゆる出会いや出来事、そして行為が種子として蓄積《ちくせき》されていて、未来の経験や運命を生み出すものとなっているのです。

阿頼耶識は、個々の存在を超えた普遍的《ふへんてき》な意識でありながら、同時に魂ごとに異なる内容をもっていて、魂の転生輪廻《てんしょうりんね》にも影響を与《あた》える宇宙的な次元と言えるものです。

そして、それときわめて類似するのが、心理学者のユングが提唱した集合的無意識です。人間の意識の深層には、個人を超える無意識、魂の次元が広がっていて、そこには、神話や伝説、また様々な宗教に見られる「元型《げんけい》」が蓄積《ちくせき》され、私たちの人生の営み、あらゆる文化的な創造の源泉《げんせん》となっている。集合的無意識は、人類共通の心的基盤として存在していると言うのです。

つまり、心は、その成り立ちからして、私たちの外側に広がる外宇宙、内側に広がる内宇宙と強く結びつき、それらと響《ひび》き合うことができるのです。

宇宙との響働《きょうどう》のしるし

私たちと宇宙は一体。だからこそ、私たちは宇宙の力を借りることができます。誰《だれ》もが、想像を超えて「人生の限界」を突破《とっぱ》し、可能性を飛躍《ひやく》させることができる。その人の中から、同じ人とは思えないような力を引き出すことができるということです。

それが、本書で**「宇宙との響働」**と呼ぶ共鳴のなせる業《わざ》です。

かつて道を求めた多くの求道者《ぐどうしゃ》が、自然との共鳴によって悟《さと》りを開き、新境地を開拓《かいたく》してきました。

菩提樹《ぼだいじゅ》の下で深い瞑想《めいそう》に入り、宇宙即我《うちゅうそくわれ》の境地に至《いた》った釈尊《しゃくそん》。ゲッセマネの星空の下で祈りを捧《ささ》げ、自らの運命を覚悟《かくご》したイエス。室戸岬《むろとみさき》の洞窟《どうくつ》で明けの明星《みょうじょう》との感応《かんのう》を通して悟りを得た空海《くうかい》。

宗教家だけではありません。人間が雄大な自然に対峙《たいじ》する姿を象徴的《しょうちょうてき》に描《えが》き、自然の神秘《しんぴ》と人間の内面が響《ひび》き合う作品を残したドイツロマン派の画家、カスパー・D・フリードリヒ。人間は自然の一部であると捉《とら》え、万物《ばんぶつ》との一体感を体験した、ニューソート（19世紀後半にアメリカで始まったキリスト教の潮流の1つ）の思想家、ラルフ・W・エマーソン。森の中でシンプルに生きることを通じて、「真に自由な生き方」を見出《みいだ》し

たアメリカ超越主義の作家、ヘンリー・D・ソロー。草や太陽、大地など、あらゆる自然に生命の神聖《しんせい》さを見出し、「自分自身が宇宙の一部である」感覚を強く表現した、詩人のウォルト・ホイットマン。そして、わが国の岩手の自然を愛し、自ら農民芸術家と名乗り、自然や宇宙との一体感を多くの作品で著《あらわ》した宮沢賢治……。

歴史に名を残した人たちばかりではありません。

がむしゃらに突《つ》き進んできた人が、星空を見上げて、忘れていた人や大切な気持ちを思い出す。

ものごとに行き詰《づ》まったとき、ふと外に出て、大空を見上げて深呼吸する。広々とした場所に立って、吹《ふ》き抜《ぬ》ける風を感じる。それだけで何かチャンネルが切り替《か》わるように気持ちが変わることを経験した人は少なくないでしょう。

これらはみな、宇宙と響き合う小さな体験にほかならないのです。

重要なことは、私たち自身が限りない内宇宙・外宇宙と分かちがたく結びついていること、そして、そこに見えないつながりが張り巡《めぐ》らされていることを信じる心が、「宇宙との響働」の準備を整えるということです。

私たちが宇宙自然の摂理《せつり》に一致《いっち》するとき、宇宙自然との共鳴が起こります。その生き

宇宙との響働のしるし
助力者が現れる
思わぬところから
道が開く
意味ある偶然の
一致が起こる
障害を打開する
手がかりが与えられる

方が発する1つの周波数が、四方八方《しほうはっぽう》に広がって共鳴を起こし、出来事を引き寄せる。音叉《おんさ》のように同じ周波数をもつ人々と共鳴し合い、あるべき現実を生み出してゆく――。

そのつながりの共鳴が「宇宙との響働」にほかなりません。

宇宙との響働が起こると、現実の中に次のような「しるし」が現れます。

○助力者が現れる
○意味ある偶然《ぐうぜん》の一致が起こる
○障害を打開する手がかりが与えられる
○思わぬところから道が開く

たとえば、自分たちが必要としていた技術をもった人が、どこからともなく現れて協力してくれる。

かつて親しくしていた知人と再び会いたいと思っていると、突然、その知人から電話がかかってくる。

ふと目にした雑誌や新聞のページに、求めていた情報の手がかりが載《の》っているのを目にする。

事業展開に行き詰まって東奔西走《とうほんせいそう》する中、恩義のある友人から頼《たの》まれ、その友人の知人の仕事を手伝うことになったが、その知人から仕事の関係の伝手《つて》を紹介され、事業の行き詰まり打開の鍵《かぎ》をもらう。

そういうことが実際に起こり、それをきっかけとして、直面している問題や課題があるべき青写真に向かって大きく光転するのです。

ここに示したものはすべて、「魂の学」を実践する人たちの実際の体験です。**「魂の学」とは、人間とあらゆる事象を「魂」「心」「現実（肉体）」の3つのレベルからトータルに捉《とら》える人間学であり、それを自らの生き方とする実践哲学と言えるものです。**

ここに挙《あ》げた宇宙との響働のしるしは特別な体験ですが、稀《まれ》なことではありません。皆さん自身、本当に心を尽《つ》くして取り組み続けたとき、そのようなしるしのかけらを感じたことはないでしょうか。

「命の消費理論」から「命の共鳴理論」へ

では、どうしたら、そのような「宇宙との響働《きょうどう》」を果たすことができるのでしょうか。

そして、その前提となる宇宙自然の摂理《せつり》と一致《いっち》するには、どうすればよいのでしょうか。

その手がかりの1つをお話ししたいと思います。

それは、心のエネルギーに関わる2つの理論――「命の消費理論」と「命の共鳴理論」です。このどちらの理論を自らの信念として生きるか、それが宇宙との響働において決定的な意味をもつのです。

多くの人は、普段、「命の消費理論」で生きています。

「命の消費理論」とは、私たちが抱《いだ》いている命、エネルギーは有限で、使えば使うほどなくなってしまうというものです。10使えば10失われてしまう。30使ったら、30減ってしまう。ですから、それを増やすには、どこかから奪《うば》ってこなければなりません。

「命の消費理論」に従うなら、人のために何かをすれば、それだけ自分のために使うエネルギーが減ってしまいます。自分は損をすることになってしまう。ですから、他人のためにはたらくことに躊躇《ちゅうちょ》することになります。ときには、エネルギーを奪《うば》い合う競争が起こってしまうのです。

私たちは、この「命の消費理論」を、正しい知識として受け入れてよいのでしょうか。考えてみてください。周囲のために力を尽《つ》くしたり、人を助けたりするとき、さらに卑近《ひきん》な例では、誰《だれ》かのためにお土産《みやげ》1つを購入《こうにゅう》するときのことを考えてみれば、「命の消費理論」を疑ってみる根拠《こんきょ》は明らかでしょう。

旅先で、自分のためにお土産を買うのと、親しい友人や家族のためにお土産を買うのとでは、どちらがワクワクしてうれしいでしょうか。

多くの人が後者だと思われるでしょう。誰かのためにお土産を買うとき、その人に幸せを運ぶこと以上に、私たちは自分自身に幸せを運ぶことになるのです。

命を使っても、それは減らない。10使ったから、10なくなるというわけではありません。使われたエネルギーは相手に届くだけでなく、自分に戻《もど》ってきます。

使えば使うほど、それは2倍、3倍に増えてゆくのです。逆に、他人のエネルギーを奪ったからといって、それだけ増えるわけでもないのです。

「命の共鳴理論」は、私たちの命のエネルギーは互《たが》いに与《あた》え合うことによって、新たに湧出《ゆうしゅつ》し、全体として何倍、何十倍にもなることを示しています。

その1つのモデルが、大自然の循環《じゅんかん》の営《いとな》みでしょう。たとえば、食物連鎖《しょくもつれんさ》の循環には、与え合い、支え合う「命の共鳴理論」の本質が現れているように思います。

そしてそれは、互いに与え合う愛の心によって、支えられているとも言えます。

「命の共鳴理論」を生きるとき、そのエネルギーは無限になるのです。

重要なことは、「命の共鳴理論」で生きるとき、私たちは、宇宙自然の摂理と一致す

る生き方を選んでいるということです。
そしてその先に、「宇宙との響働」が起こるのです。

時代の要請《ようせい》となった新テクノロジー開発

エレクトロニクスからエンターテインメントまでを手がける総合メーカーに勤める谷《たに》口《ぐち》健《たけ》博《ひろ》さんは、まさに「命の共鳴理論」を生きることによって、「宇宙との響働《きょうどう》」を体験したお1人です。

近年、インターネットや携帯電話、さらにはＡＩ《エーアイ》の普及《ふきゅう》などにより、それらに関するデータを保存するためのデータセンターが、世界中で急速に拡大しています。

そこで問題になるのが、消費電力の増大です。消費電力の増大は、CO_2排出量《はいしゅつりょう》の増加につながり、環境問題にも直結します。

将来的には、こうしたデータセンターの消費電力が世界の総消費電力の1割に及《およ》ぶかもしれないという試算もあるほどです。

こうした課題に応《こた》える鍵《かぎ》は、情報貯蔵装置《ちょぞうそうち》の性能の向上にあると言われています。

この問題に関して、アメリカの大手ハードディスクドライブメーカーであるS社が、

HAMR《ハマー》と呼ばれる画期的《かっきてき》な技術を開発しました。

このHAMRを実現させる鍵となるのがレーザーで、谷口さんは、2010年から14年にかけて、HAMR用にこれまでにないまったく新しいレーザーを開発するプロジェクトの統括責任者として、その本格的な量産を成功させた立役者《たてやくしゃ》となったのです。

そのニュースは、日経新聞の第1面にも掲載《けいさい》されました。

生き馬の目を抜《ぬ》くビジネスの世界でそうした実績を上げた谷口さんは、どのように歩んでこられたのでしょうか。その成功の秘密とは何だったのでしょうか。

「競争を勝ち抜《ぬ》く」という至上命令《しじょうめいれい》

すでに中学時代には、谷口さんの生き方は1つの形をもつようになっていました。勉強でも、駅伝でも、とにかく人に先んじ、競争を勝ち抜くことを人生の至上命令としてきたのです。勝利への欲求は強迫《きょうはく》観念のようになり、それ以外の生き方を思い描《えが》くことができない谷口さんでした。

やがて、谷口さんは、進学校として知られ、サッカーの強豪校《きょうごうこう》でもあった埼玉県立浦和高校に進学。自らもサッカー部に所属し、プロのサッカー選手になることをめざしていました。

周囲は皆ライバルで、少しでもよいプレーを決めようとしのぎを削《けず》っていた当時、谷口さんは「他人の足を引っ張ってでも目立ちたい。成功したい。認めさせたい」という気持ちでした。

スタンドプレーは当たり前。チームのことより、まずは自分のこと。相手より上をいけば元気。相手より下なら意気消沈《しょうちん》。頭角《とうかく》を現さないと自分がなくなってしまう。そこにあったのは、まさにエネルギーの奪《うば》い合いでした。当時の谷口さんは、「命の消費理論」の信念のままに生きていたということです。

しかし、高校2年の県大会で優勝した後、膝《ひざ》の大怪我《おおけが》で、無念にもサッカーをあきらめることになってしまったのです。

すると一転、サッカー三昧《ざんまい》で落ちこぼれてしまった勉強に奮起《ふんき》して取り組み、努力を重ね、大阪大学から同大学大学院に進学。

大学院修了後、谷口さんは、先述の総合メーカー半導体部門に就職し、ビジネスマンとしての歩みを始めます。まずは研究職から出発し、その後、実績が認められて、その部門のマネジメントを任《まか》されるようになります。

谷口さんにとって、何にもまして大切なことは、「結果を出す」ことでした。どんな事案でも、とにかく成果を上げ、結果を出すためには、どうすればよいか。そのことをとことん追求したのです。

それが、谷口さんがつくりあげた常識であり、こだわりであり、見えない心の轍《わだち》でした。

当時の谷口さんは、端《はた》から見れば、優秀《ゆうしゅう》なエンジニアであったに違《ちが》いありません。一般的な意味においては、着実に成果を上げることができる技術者だったのです。

ところが、当時の谷口さんは強いようで、実は意外と脆《もろ》かったのです。そして、気分のアップダウンが相当激しく起こっていました。

「できる・できない」の見極《みきわ》めが早く、谷口さんの中では、いつも「できること」と「できないこと」を線引きする限界点がつくられていたのです。

たとえば、感覚的に10キロ以下の重さの事態であれば、余裕《よゆう》をもって冷静に結果を出すことができ、意気揚々《ようよう》なのですが、10キロを超えた途端《とたん》、すぐに「これはできない。無理」と判断してしまう。事態を簡単に手放し、心は重く沈《しず》み込《こ》んでいたのです。

「できるとは思えない」。それが、当時の谷口さんの口癖《くちぐせ》でした。

K社のクレーム問題

その谷口さんが、熱心に「魂の学」を学び、実践することを通じて、「心の力」を育むようになりました。

では、どのようにその歩みを進めていったのでしょうか。

谷口さんは、研究職から出発し、その後、研究所で自分が開発に成功したレーザーが、プリンターやコピー機で広く採用されることになり、そのビジネスの統括責任者を任されるようになりました。

2002年頃のことです。取引先の情報機器メーカーK社の工場で、納品していたレーザーの不良が頻発《ひんぱつ》するという品質問題が発生しました。これは、会社でも大問題となり、谷口さんの周囲は一気に緊迫《きんぱく》した空気に包まれたのです。

実は、この問題が生じる1カ月ほど前、ちょうど「魂の学」を学ぶ青年の研鑽《けんさん》の場があり、そこで、私は谷口さんにこのようにお話ししていました。

「谷口君。これから、取引先で大きな問題が起こります。そのとき、先方は強い怒りを露《あら》わにして要求してきます。でも、決してその感情に呑《の》み込《こ》まれてはいけません。激昂《げきこう》している相手は、あなたに向かって矢のように怒りの感情をぶつけてくるでしょう。

丹田に拳を握ることは、自分の中に重心をつくり、「不動心」を引き出して、新たな生き方を導く「構え」となる。

そのとき、机の下で、丹田《たんでん》のところで拳《こぶし》を握《にぎ》り、深呼吸をして、『私は、決してこの感情に呑み込まれない』と念じ、唱《とな》えてください」

丹田に拳を握ることは、自分の中に重心をつくり、「不動心」を引き出して、新たな生き方を導く「構え」だったのです。

読者の中には、こうした私の助言に驚く方もいらっしゃるかもしれません。

なぜ、まだ現実になっていない未来に対して、そのような助言ができるのか。そして、それはどういうことなのか、少し触《ふ》れておきたいと思います。

私は、幼い頃から、いわゆる超自然的な体験、霊的な体験を重ねてきました。

特に5歳のとき、初めて意識が肉体を抜《ぬ》け出し、魂の自分が肉体の自分を眺《なが》める経験をしてから、私は、魂としての実感を強くもつようになりました。

それは、「見えるもの・見える世界」と同じくらい、否、それ以上に、「見えないもの・見えない世界」を重んじる感覚と言えばよいでしょうか。

世界には見えないつながりが張《は》り巡《めぐ》らされている——。そう実感するようになったのも、この体験がきっかけでした。人だけではなく、動物も植物も鉱物も、さらには出会いや出来事までもが、まるで精緻《せいち》な織物のように絡《から》み合い、深いつながりの中で、相互に影響《えいきょう》を与《あた》え合っているのです。

その感覚を通じて、私は見えない存在を感じ、その声を聞き、ときには語り合ってきました。また、今は何もない空《あ》き地に、かつて存在した建造物や、そこで暮らしていた人々の姿が映《うつ》し出されることもあります。さらには、誰《だれ》かの人生の節目《ふしめ》や転機を直感したり、これから起こる未来の出来事がふと心に浮《う》かんだりすることも度々《たびたび》ありました。

そうした経験を重ねる中で、私が確信するようになったのは、この世界には、過去・未来を問わず、あらゆる出来事の記憶が蓄《たくわ》えられ、人生の情報が刻《きざ》まれた源なる次元があるということです。

神智学のアカシックレコード、ユングの集合的無意識、唯識《ゆいしき》仏教の阿頼耶識《あらやしき》――これらはみな、同じ次元に通じるものであり、近年の量子《りょうし》物理学における研究が示唆《しさ》する「ゼロ・ポイント・フィールド」は、この次元の存在を科学的に捉《とら》えようとする試みの1つではないかと考えています。

私は、この次元に触《ふ》れることを許された1人です。必然を感じたとき、促《うなが》されたとき、私はそこから得たことや洞察をお伝えすることがあります。そのとき、私はメンター(導き手)として、その方の人生に関わらせていただいているのです。

では、谷口さんの話に戻《もど》りましょう。

当初、このクレーム問題が起こったとき、谷口さんは、自分なりに状況を思い描《えが》き、「こちらに落ち度はない。まあ、何とかなるだろう」。そう高《たか》を括《くく》っていました。ところが実際、先方を訪問し、K社の担当者を含《ふく》む面々を前にしたとき、それがいかに甘い予想であったかがわかったのです。

「これは様子が違《ちが》う。自分が考えていた状況ではない……」

当時の谷口さんは30代。ところが、対するK社の面々は、50代の部長以上の人たちが10人ほどずらっと並んでいたのです。

谷口さんがこちらからはすべて合格品を出していると伝えた途端《とたん》、中央にいる責任者が、テーブルをはさんで座《すわ》っていた谷口さんに怒《いか》りを爆発《ばくはつ》させ、「とにかく何とかしろ！」と厳しい形相《ぎょうそう》で怒鳴《どな》りつけてきました。

「お前たちはプロだろう。何とかするのが当たり前だろう」

すると、堰《せき》を切ったように、矢のような攻撃《こうげき》が四方八方《しほうはっぽう》から飛んできたのです。取り付く島がまったくありません。

その場にはたらいていたのが、先に挙げた「命の消費理論」です。「命の消費理論」

に支配された場では、エネルギーの奪《うば》い合いが起こります。

先取《せんしゅ》した、後手に回った。1本取った、1本取られた。勝った、負けたで、負ければエネルギーを吸い取られ、勝てばエネルギーを奪取《だっしゅ》できるのです。

責任者は、相手を怒鳴りつけることによって、谷口さんからエネルギーを奪い取ろうとし、谷口さんは、エネルギーを抜《ぬ》き取られまいと、防戦一方になるところでした。

しかし、そのとき、「あっ、先生が言われていたのはこれだ！」。そう気づいた谷口さんは、私との約束通り、次々に厳しい発言が飛んでくる中で、机の下で丹田のところに拳を握って重心をつくり、事態を受けとめようとしました。

命の共鳴が起こった！

しばらくすると、心が徐々《じょじょ》に落ち着いてきました。

すると、「この人たちは、どうしてこんなに怒っているのだろう？」と考えられるようになったのです。

「そうか……。この人たちは、この事態を本当に何とかしたいと思っているんだ」

そのことに気づいた瞬間《しゅんかん》、初めて相手の真意が感じられたのです。

この会議は何のためなのか。会議の目的は、決裂《けつれつ》するためではない。この問題を解決し、双方《そうほう》にとって、よりよい未来を生み出すことではないか――。

そう思ったとき、谷口さんの中に「この問題を一緒《いっしょ》に解決したい」という願いが湧《わ》き上がってきました。谷口さんの命が共鳴したのです。

敵だと思っていた相手は、同志だったのです。

実は、事前に、私は谷口さんにもう1つアドバイスをしていました。

「あなたが通される部屋にホワイトボードが見えるから、その左下に現状、右上に行くべき未来を書いて、ウイズダムを描《えが》きなさい」

ウイズダムとは、一言で言えば、今抱《かか》えている問題を解決し、願われるべき新たな現実を創造するための「魂の学」のメソッドです。

自分が立っている現状から、願う目的地に至《いた》ることがどんなに困難に思えても、そこには必ず奇跡《きせき》の道――ゴールデンパスがあります。ウイズダムは、困難な事態にゴールデンパスを思い描くための方法なのです。

谷口さんは、当初、必死に拳《こぶし》を握《にぎ》りながら、部屋を見回しました。

「本当だ。部屋の隅《すみ》にホワイトボードがある。でも先生、遠いです。とてもホワイトボードのところには行けそうもありません」

心がそうつぶやきましたが、相手にも同じ願いがあるとわかったとき、身体が動いたのです。

「立ち上がれました」

「何とかホワイトボードのところに来ました」

そして、谷口さんは、ホワイトボードの右上に、「両者のヴィジョン」、つまり、この問題が解決されたときの状況《じょうきょう》を描いたのです。

震《ふる》える手を悟《さと》られないように……何しろ、その場にいた全員の目が、谷口さんの一挙《いっきょ》手一投足《しゅいっとうそく》に注がれています。

「この若者は一体何を始めるつもりなのか」

そんな空気が場を満たしていました。

次に、左下に「現状」を書き出しました。そして、どうしたら、左下から右上に向かうことができるのか、その「道すじ」を一緒に考えたいと訴えました。

「この点は、自分たちが担当して何とかする。でも、これについては、協力していただきたい」というように、1つ1つ一緒に考えていったのです。

その結果、ホワイトボードの上に、ゴールデンパスが完成しました。

すると、その場に変化が現れたのです。

参加メンバーの気持ちは一転し、あれほど厳《きび》しかった形相《ぎょうそう》が、満面の笑みに変わったのです。あり得ない会議の顛末《てんまつ》を迎《むか》えることになりました。

K社の人たちの姿勢がまったく変わってしまった。いつの間にか、相手を責めることから一転、「一緒に問題解決し、本当に願う現実を生み出そう」――そういう気配に変わっていたのです。

それは、まさに「命の消費」から「命の共鳴」への転換が起こったということなのです。

谷口さんにとって、この体験は、「命の共鳴理論」とはどういうものなのかを学ぶ大きな一歩になりました。

もし谷口さんが、いつもの心の轍《わだち》に従って事態に臨《のぞ》んでいたら、どうなっていたでしょう。

たちどころにエネルギーの奪《うば》い合いが始まり、交渉《こうしょう》は物別れに終わっていたか、「いつもの大げんか」になっていたに違《ちが》いありません。

谷口さんは、互《たが》いの命が共鳴したとき、そこにどのような現実が現れるのか、「心の力」の片鱗《へんりん》を知ることになりました。

そして、もう1つ大きかったことは、このとき谷口さんの中で、先にお話しした、限界点を生み出す「できる・できない」の線引きがなされなかったということです。

実は、このことが、これからお話しする次の挑戦《ちょうせん》において、重要な意味をもつことになります。

新規《しんき》レーザー開発プロジェクト

谷口さんは、2010年1月、S社とのプロジェクトの総括責任者に任命されました。

先述したように、AI《エーアイ》の普及《ふきゅう》によって、各地のデータセンターには大量のハードディスク需要《じゅよう》が見込《こ》まれ、この事業は最優先の課題となっていました。

一方、当時、会社のレーザー事業は危機的な状況にありました。谷口さんに要請《ようせい》されていたのは、このプロジェクトで成果を出し、レーザー事業を回復させることでもあったのです。

上司からは、こう言い渡《わた》されました。

「この案件が失敗したら、お前の居場所はない」

ところが、恐《おそ》れていた通り、動き出したものの、一向に結果が出ません。

1年あまりが経過した2011年2月、業《ごう》を煮《に》やしたS社から、副社長のハーラン(Harlan)氏が来日し、製造場所である東北工場を訪問するという連絡がありました。

実はこのとき、S社は、新たなパートナーとして、米国のレーザーメーカー2社との折衝《せっしょう》を始めていたのです。

その2社は開発にかける意気込《ご》みも強く、パワーの規模《きぼ》もまったく違《ちが》います。どう考えても不利な状況でした。

副社長の東北工場訪問には、状況を見たうえで自分たちを切り捨てようという意図があることは明らかだったのです。

この事態は、10キロどころか、まさに100キロ級の難題。しかし、谷口さんは、少なくともこの段階において、「できる・できない」の線引きをしませんでした。なぜなら、先のK社への対応で学んだ智慧《ちえ》があったからです。

突然《とつぜん》鳴った携帯電話——「Kという文字が見える」

ところが、10人近くを引き連れて来日したハーラン副社長は、眉間《みけん》にシワを寄せ、握《あく》手《しゅ》のときもニコリともせず、腕組《うでぐ》みをしてドカッと腰《こし》を下ろしました。

「何とかしたい」。その気持ちで会議に臨《のぞ》んだつもりでした。しかし、谷口さんは当初、あまりの頑《かたく》なな態度に、これ以上の刺激を避《さ》けようと、相手の顔を見ることもできませんでした。

「普通は、最初の握手のときくらい、笑顔をつくって接《せっ》するものだ。それなのに……。ああ、ハーラン氏を説得するのはむずかしい。別の人物に口添《くちぞ》えしてもらった方がよいかもしれない」

そんな想いが湧《わ》き、今までの窓口の人に話をしようかと慎重に話を始めようとした、まさにそのとき、手許《てもと》の携帯が鳴りました。

「こんなときに、いったい何の電話だ」

そう思ってとっさに出ると、私からの電話でした。

「先生からのお電話だ。お話ししないわけにはいかない！」

谷口さんは、「今、非常に重要な電話が入ったので、ちょっと待ってくれ」と言って部屋を出ました。

会議に参加していた人たちは皆、顔を見合わせます。

何しろ、その日の主役が、他の全員を残して、1人でスタスタその場から出て行ってしまったのです。

「いったい誰《だれ》からの電話なのか。そもそも、この会議よりも重要な電話があるのか」と思われたに違《ちが》いありません。

この会議は、谷口さんと会社の一大事。今後の命運が決する場と言ってもよいものでした。

遠く離れた東京で、そのことを想っていたとき、私の心にあることが浮《う》かびました。直感のように、私の中に未来が訪れたのです。

「これは、どうしても伝えなければならない――」

先にも触《ふ》れたように、様々な方の人生に同伴《どうはん》したり、多くの事態に関わったりする中で、その推移《すいい》の鍵《かぎ》となる事実やヒントが私の中に降りてくることがあるのです。

私は、谷口さんに電話をしました。

「今、S社の方が来ていることはわかっています。Kという文字が見えるけれど、これは誰ですか。このミスターKが重要。キーパーソンです」

しかし、谷口さんは訳《わけ》がわかりません。

「Kという人物はいません」

「いいえ、必ずいます。間違《まちが》いなくKです。この方にわかっていただくことが大切です」

谷口さんは、首をかしげながら会議に戻《もど》りました。

「Kという人はいないんだけどなあ……」

ところが、部屋に戻って改めて来訪者の机に置かれた名前のプレートを見回し、副社長の名札をよく見たとき、腰を抜《ぬ》かすほどびっくりしました。

ハーラン氏の名札に、ハーラン・クラウト（Harlan Kragt）と書かれていたからです。

それまで、ファーストネームのHarlan、つまり「H」だけを意識していて、ファミリーネームのKragt、つまり「K」にまったく気づいていなかったのです。

浴衣姿《ゆかたすがた》のミスターK——事態の大転換

この体験の中で、谷口さんは、「とにかくミスターKに事情をわかってもらうんだ」と肚《はら》を括《くく》ることができました。そこからさらに誠心誠意を込《こ》めて、プロジェクトの状況について説明してゆきます。

それでも、ミスターKの表情は硬《かた》いままでした。

実は、電話でミスターKの話をしたとき、谷口さんにもう1つお伝えしたことがありました。

「今日の宿泊は、できればホテルではなく、旅館にしていただけるといいですね。食事の時間は、必ず浴衣に着替《きが》えてもらいなさい。日本の東北地方を存分に体験して、それを心に残していただくことです」

「そして、工場の社員の皆さんや東北の人たちの真面目《まじめ》さ、ひたむきさをわかっていただきましょう」

東北の皆さんがどういう生活をしてきたのか。東北の人たちがつくる米には、その漢字が示すように、八十八の手間《てま》がかかっている。皆さんは、心を込めて丹精《たんせい》に米を育てている。同じように、その気持ちがいかにレーザーの製造を支《ささ》えているかということをよく理解してもらうように——。

そうお話しさせていただいたのです。

宿泊場所に移動し、会食の場に向かおうと部屋から出てきた一行《いっこう》は、案の定《じょう》、ビジネススーツのままでした。

「いやいや、それではダメです」

谷口さんは、「浴衣を着ないとダメだ」と言って部屋へ押《お》し戻《もど》しました。

ミスターK、そして一行の面々も、「何のことかわからない」と困惑《こんわく》した表情でした。

しかし、ここは頑張《がんば》りどころ。なかば強引《ごういん》に、とにかく浴衣に着替えてもらったのです。

食事会場で谷口さんは、東北の生活と文化について、人々の、穏《おだ》やかで寡黙《かもく》だけれど誠実な人柄《ひとがら》、ひたむきな姿について、一生懸命《いっしょうけんめい》説明しました。

するとどうでしょう。

翌朝、ミスターKは満面の笑《え》みで姿を見せたのです。

そして、ミーティングの場も、前日とは打って変わり、非常に親和的《しんわてき》な雰囲気《ふんいき》で進み、一定の成果を得ることができたのです。

「ああ、これで少し希望の光が見えてきた。このチャンスをつないでゆくぞ」

谷口さんは、これからの一層の努力を誓《ちか》うのでした。

「万事休《ばんじきゅう》す」からの逆転

しかし、それで大団円《だいだんえん》というわけにはゆきませんでした。

その直後の3月11日、東北地方を東日本大震災が襲《おそ》ったのです。

谷口さんの会社の東北工場は、甚大《じんだい》な被害《ひがい》を受けて操業《そうぎょう》停止。開発は完全にストップしました。それでなくとも劣勢《れっせい》の競争を強《し》いられていた谷口さんは覚悟《かくご》します。

「終わった……」

それは、言葉にならない絶望であり、無力感でした。

東北工場から衛星電話の細い回線でやっと送られてきた工場の様子を写した写真――。壊滅的《かいめつてき》な状態でした。壁《かべ》は崩壊《ほうかい》し、クリーンルームは壊《こわ》れ、電気もすべて止まって真っ暗でした。開発など、できる状況ではなかったのです。

自宅が被害を受けた社員の方も少なくありません。それでも皆さんは、少しでも取引先にレーザーを届けようと、有毒ガスが出ていることも考慮《こうりょ》して防毒マスクを装着《そうちゃく》し、ヘッドライトをつけ、復旧《ふっきゅう》作業を始めていました。

谷口さんは、その皆さんの懸命《けんめい》さ、真摯《しんし》さに胸が締《し》めつけられる想いでした。

そのとき谷口さんは、普段の東北工場とそこで働く皆さんのことを思い出していました。

作業の合間に交《か》わされる短い挨拶《あいさつ》、そして笑顔。決して言葉は多くないけれど、仕事に熱い想いを抱《いだ》き、地道な作業を丁寧《ていねい》に、愚直《ぐちょく》なほど真摯に積み重ねる人たち……。

「東北の社員の皆さんは、本当に真面目《まじめ》に仕事をしてきた。この事業を絶対に潰《つぶ》してはならない。東北工場と社員の皆さんを守りたい――」

谷口さんの中から、もっとも深い願いが引き出されてきた瞬間《しゅんかん》です。

しかし、同時にこう考えざるを得なかったのです。

「復旧してお客様に供給できたとしても、この開発がうまくいかなかったら、レーザー事業は続かない。たとえ開発を始めることができたとしても、遅《おく》れを取り戻《もど》せるとは思えない。そうなれば、この工場は存続できなくなる。皆さんの未来は……」

谷口さんは、自分の無力を思わずにはいられませんでした。

心配を募《つの》らせていた私は、すぐに谷口さんに連絡し、「開発は再開できるのか、そして挽回《ばんかい》の可能性はあるのか」と問いかけました。

「この状況では、むずかしいと思います」

「何を言ってるの！　まだ事態は決着していませんよ。すぐにアメリカに行きなさい。

2011年の東日本大震災の折、著者は地震直後から自ら被災地に赴いて支援活動の陣頭指揮を執ったばかりでなく、多くの青年塾生たちをボランティアで派遣した。その懸命な活動の中で、青年たちと被災者の方々の深い心の交流が生まれていった。

そして、戦後、日本は焼け野原から立ち上がってきたこと。われわれは必ず立ち上がり、復興《ふっこう》する。工場の人々は一丸《いちがん》となって復興に向かっていると伝えなさい」

震災後、私もすぐに物資を集め、東北に向かいました。そこで目にした惨状《さんじょう》を思えば、谷口さんの気持ちは、痛いほどよく理解できました。

今思えば、私も必死だったように思います。

希望が必要。向かうべき未来の希望。そこにきっと道がある――。

それを信じて、私は、谷口さんに「行って伝えなさい」とお話ししたのです。

谷口さんは我に返りました。

谷口さんは、どれほど困難な事態と向き合っていたでしょう。その重量は10キロでしょうか、それとも100キロでしょうか。いいえ、何をどうやっても持ち上がらないような、何トンにも達する圧倒的《あっとうてき》な困難であったに違いありません。

しかし、もうこのときは、かつての「できるとは思えない」とつぶやく谷口さんの姿はありませんでした。

谷口さんは、すぐにアメリカに向かったのです。

予期せぬ結末――宇宙との響働《きょうどう》による奇跡《きせき》

アメリカの空港に降り立ったものの、もはやこの状況でなす術《すべ》なし。谷口さんの心には重いものがのしかかっていました。

「そもそも、こんな状況になったわが社に対して、先方は話を聞いてくれるのだろうか。門前払《もんぜんばら》いされても、文句は言えないな……」

そんな気持ちを抱《かか》えて、S社を訪れた谷口さん。

すると、本社ビルの入口に、何とミスターKが立っていたのです。副社長であるミスターKが、自ら谷口さんを出迎《でむか》えてくれたのでした。想像すらしなかった光景。

ミスターKは、谷口さんに近寄ると、真剣《しんけん》な面持《おもも》ちで、「われわれにできることはないか。何でも言ってくれ」。そう語りかけてくれたのでした。

これほどうれしいことがあるでしょうか。

谷口さんは、こぼれそうになる涙を抑《おさ》えることに精いっぱいでした。

その後も、谷口さんは、頻繁《ひんぱん》にアメリカの本社を訪ね続けました。隔週《かくしゅう》で、日本とアメリカを行き来したのです。その都度《つど》、工場復旧《ふっきゅう》までの計画と進捗《しんちょく》状況を伝え、「私たちは必ずやる」と伝え続けました。

ミスターKは、毎回その会議に出席し、真剣に説明を聞いてくれました。きっとあの旅館で伝えた東北の人たちのことを心配してくれていたのでしょう。

そして迎えた11月。開発パートナー選考の最終プレゼンが行われました。

谷口さんの会社の開発は、競合する米国のメーカーに比べて、圧倒的に遅《おく》れていました。工場が復旧したのが8月。わずか3カ月でまとめたプレゼンでした。どう考えても勝算はありませんでした。

やるだけのことはやった――。あきらめずに挑戦《ちょうせん》できたこと自体が奇跡のような現実でした。

「でも、結果はむずかしいだろう――」

谷口さんもそう覚悟《かくご》していました。

12月のクリスマス直前、携帯電話が鳴りました。

S社からでした。そのとき、予想もしない言葉が聞こえてきたのです。

「おめでとう！　満場一致《まんじょういっち》で、パートナーはあなたの会社に決まった」

谷口さんは耳を疑いました。

同時に、それまでの出来事が走馬灯《そうまとう》のように蘇《よみがえ》りました。

「失敗したらお前の居場所はない」。そう言われて始まったこのプロジェクト。

あの日、自分の前に、まるで死刑執行人《しけいしっこうにん》のように腰《こし》を下ろしたミスターK。

一行に無理やり浴衣《ゆかた》を着せて、東北の人たちのことを語った食事会場。

震災《しんさい》の衝撃《しょうげき》と絶望。

本社の入口に立って迎えてくれたミスターK。

プレゼンの日、谷口さんの中にあったのは、何かを期待する気持ちでも、結果に怯《おび》える気持ちでもありませんでした。

こんなに小さな自分が、大きな世界に支《ささ》えられて、こうやってここで話をしている。

そこにあったのはただ感謝――。不思議なことに、その2文字しかなかったのです。

こうして、この長い物語は結末を迎えたのでした。

いったい、ここで何が起こっていたのでしょうか。

そこに現れたものこそが、宇宙との響働のしるしなのです。

まず、**「助力者が現れる」**。

当初、ミスターKは、谷口さんたちの部門を破壊《はかい》する最大の敵対者でした。そのミスターKが、最後には最大の理解者となったのです。ミスターKがいなければ、この契約《けいやく》はこういう形では進まなかったに違《ちが》いありません。

そして、**「思わぬところから道が開く」**。

これは、もう説明の必要はないでしょう。もともと競合2社に出遅れていた谷口さんたちに、さらに追い打ちをかけるように未曾有《みぞう》の震災が起こり、すべては一巻の終わり。勝利する理由はどこにも見当たりませんでした。それにもかかわらず、開発パートナーとして選ばれたのは、谷口さんの会社だったのです。

それは、ラクダが針《はり》の穴を通るよりむずかしく、砂漠《さばく》の中で砂金《さきん》1粒《ひとつぶ》を見出《みいだ》すよりも困難な道だったはずです。

そのゴールデンパスが、目の前に鮮《あざ》やかに開かれたのです。

W社との新たな契約《けいやく》

そして、イニシャル「K」のお話には、もう1つ後日談があります。さらに不思議なビッグプレゼントがもたらされたのです。

今から4年ほど前のこと。経営、医療、教育などの専門分野のセミナーの折、谷口さんたち数人にお話をしていたとき、私の目の前に電光掲示板のようなものが見えました。

そこに「W」という文字が映し出され、その後にいくつかの文字列が映りました。

「Wという文字が見えるのですが、何だろう」

このときも、突然《とつぜん》の話に谷口さんは驚かれたことでしょう。

「Wと言えば、S社とシェアを分かつW社のことしか思い浮《う》かびません」

実は、S社とW社は、2社で世界全体のハードディスク市場の80%以上のシェアを握《にぎ》っていたのです。

私はこうお伝えしました。

「そこに明るい気配《けはい》が感じられます。できれば、交渉《こうしょう》してみてください」

普通に考えれば、常軌《じょうき》を逸《いっ》する提案だったに違《ちが》いありません。

巨額《きょがく》の開発費を注いできたS社が、競合相手に自分たちが独占《どくせん》する技術を渡《わた》すわけがない――。そもそもS社との契約は独占契約《けいやく》になっているのです。

さすがに今度ばかりは無理――。谷口さんは当初、そう思いました。

しかし、「先生が言われるのだから」と、谷口さんは、ここでも一歩を踏《ふ》み出そうとされたのです。

「業界の常識、社会の常識ではあり得ないことだが、何とかアクセスできないだろうか。無理だとは思うけれど、できるところまでやってみよう」

しかし、周りに相談しても、けんもほろろ。「谷口は気でも違ったか」と誰《だれ》も真面目《まじめ》に取り合おうとしてくれません。

社長に相談すると、言下《げんか》に「絶対にそれはやるな」と言われました。せっかく契約を取りつけたS社との関係を考えれば、それは当然の判断だったでしょう。

それでも、谷口さんは水面下で、折衝《せっしょう》を続けたのです。

3年間に及《およ》ぶ地道な交渉《こうしょう》の末、何とS社からW社への販売許可を取りつけることができました。

大手2社のパートナーの座を射止《いと》め、さらにもう1社との契約も得て、これまで以上の事業の発展を現実のものとすることができたのです。

「心の力」の真価とは

「そんなことが本当に起こるのだろうか」と思われる方もいるかもしれません。

しかし、これが、私たちの心が抱《いだ》いている力です。

宇宙との響働《きょうどう》をつくり出す「心の力」なのです。

私は、長年にわたって、谷口さんの成長の道のりを共に歩ませていただいてきました。

今から25年ほど前、谷口さんは、私にこう語ったことがあります。

「私は、中学も高校も、殺伐《さつばつ》とした心で、勉強でも駅伝でもサッカーでも、『とにかく勝ち抜《ぬ》いて生き残らなければならない。他人に弱みを見せてはならない』とずっと思っていました」

「大学、大学院、そして就職と、『競争に勝たなければならない。負けてはならない。成功しなければならない。人は信じられない』。そんな心で生きていたので、学校の先生、クラブの部長、会社の上司との関係がスムーズに進むことは1度もありませんでした」

かつての谷口さんは、自己実現のためだけに生きる、独善的で孤独《こどく》な学生であり企業人だったのです。

心を覆《おお》っていた、ドロドロとした黒い渦《うず》。

心の底にトラウマのようなものがあり、それはどうすることもできないほどの心の重《おも》石《し》だったのです。

「一生、この重荷《おもに》から自由になれるとは思っていませんでした」

講演の中で、谷口さんを壇上に招き、対話を重ねながら、奇跡のように導かれた人生の秘密を解き明かしてゆく著者。その鍵は、何よりも「心の力」であり、それがもたらす宇宙との響働にあった。

そんな谷口さんが、私と出会い、「魂の学」を真剣《しんけん》に学ぶようになります。

やがて、自分自身のことを受けとめることができるようになり、黒い渦も少しずつその色が薄《うす》れてゆきました。

しばらくした後、特別な瞬間《しゅんかん》を体験します。

時機を感じた私は、ある日、谷口さんの深奥《しんおう》に息づいている魂に向かって語りかけたのです。

その瞬間、谷口さんの中に、それまで経験したことのないような自分が姿を現し、それ以降、その自分が力を与《あた》えてくれるようになったのです。

ご本人が驚くほど、明るく前向きに、切実に生きようとする自分が現れてきて、荒々《あらあら》しい怒《いか》りや競争心、他を侮蔑《ぶべつ》するような態度が少しずつ消えていったのです。

「周《まわ》りの方がこの話を聞くと、大げさだと思われるかもしれませんが——」

そう前置きして谷口さんが語ったことは、

「4歳以降、これまでの人生で、私が心の中に青空を見出《みいだ》すことは1度たりともありませんでした。私の心は、陽《ひ》の光が届かない、どんよりとした曇天《どんてん》の闇《やみ》だったんです。けれども、今、私の心には、雲1つない青空が広がっています。これからの人生を、この心で生きてゆくことができると思うと、そこで、どんなに素晴《すば》らしいことが起こるのだろう――。そんな気持ちでいっぱいです」

この言葉は、谷口さんのその後の人生を照らす予言となりました。

ここまで書かせていただいたように、谷口さんの人生には、まさに「素晴らしいこと」がいくつも起こったということです。そして、それを起こしたのは、紛《まぎ》れもない、谷口さんの「心の力」にほかならないのです。

谷口さんの歩みは、一見するとビジネスの成功譚《たん》のように映ります。けれども、その土台にあるのは、私たち1人ひとりが巨大な宇宙と響き合う可能性を、等身大で体現した物語にほかなりません。

極微《きょくび》から極大に至《いた》るまでの40階層にわたって成り立つ宇宙――その壮大なスケールの一角に私たちは生き、普段は意識さえしない無数のつながりに支えられています。

谷口さんは、「できる・できない」という自らがつくり出していた限界を超え、魂の奥に眠る願いに突《つ》き動かされるようにして行動を続ける中で、思いも寄らぬ助力者との出会いや奇跡的な光転を次々と体験しました。

それはまさしく、「宇宙との響働のしるし」と呼べるものです。

心の奥底で「自分はこの広大な宇宙の一部なのだ」という神聖な実感を得たとき、私たちは、通常の論理や常識を超えた道を開くことができるのです。

谷口さんの実践は、誰《だれ》もがその内に秘めている「宇宙と響き合う心の力」を呼び覚まし、無限の可能性を切り開くための大切なヒントを与えています。彼が示した足跡《そくせき》は、私たちが自分自身の人生を新たに創造するための、かけがえのない灯火《ともしび》を掲《かか》げているのです。

第2章

心のはたらき

——感覚・感情・思考・意志

心には、感覚・感情・思考・意志という
4つのはたらきがある。
私たちが肉体の影響《えいきょう》を強く受けるとき
それらの力は封印《ふういん》されてしまう。
しかし、魂の影響力が強くなるとき
心は高次の成熟したはたらきを示し
まったく新たな力を発揮《はっき》するのである。

世界との交流

プロローグと第1章では、今、私たちには「心の力」が何よりも必要であり、それは、想像以上に大きなもの、宇宙と響《ひび》き合うほどの力であることを見てきました。

では、その心は、どのようにはたらいているのでしょうか。

私たちの心は、世界と不断の交流を重ねています。この世界に生まれた瞬間《しゅんかん》から死に至《いた》るまで、この交流が止《や》むことはありません。

生きるとは世界と交流すること。世界との交流が、私たちが生きることの証《あかし》なのです。

逆に言えば、世界との交流が止むとき、私たちは、人生を終えることになります。

では、このような、世界との交流をつくり出す私たちの心は、どのようにはたらくのでしょうか。

世界との交流は、心の4つのはたらき——感覚・感情・思考・意志によってつくり出されます（次ページ参照）。

皆さんが、ケーキ屋さんに入ったとしましょう。

店内には、甘《あま》い空気が漂《ただよ》っています。その匂《にお》いを受けとめるのが「感覚」です。

すると、心は、ワクワクしたり、うれしくなったりするでしょう。そこに生まれるの

心は感覚・感情・思考・意志のすべてが
相互に関係し合って世界との交流を続けている

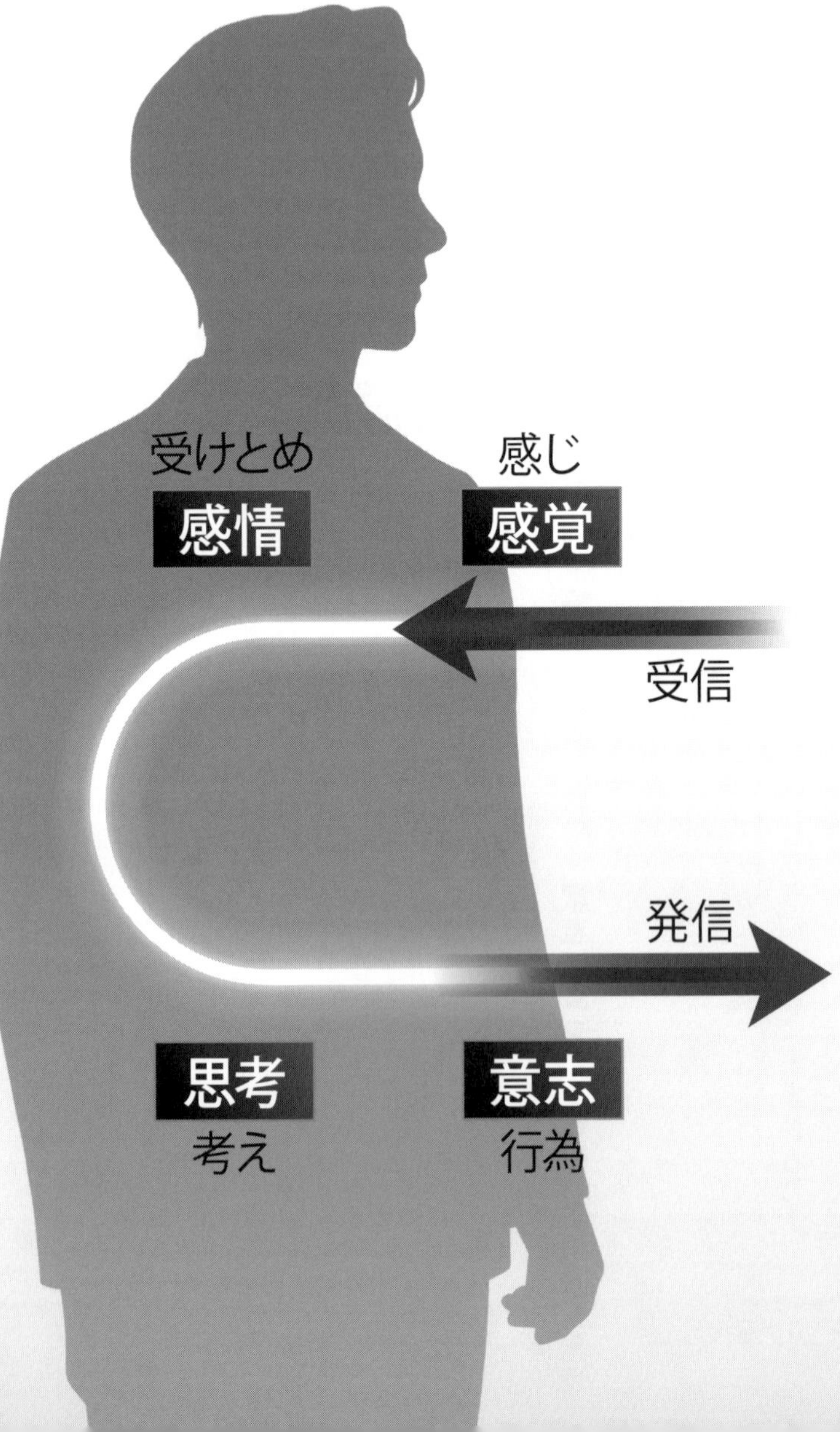

が「感情」です。

さらに、「思考」は「どのケーキを食べようかな？」「今ダイエット中。どうしよう？」などと考えます。

そして最後に、「意志」が「今日はやめておこう」とか「今日はチョコレートケーキを買おう」といった決断をして、行動を起こすのです。

私たちの心は、このように、感覚・感情・思考・意志のすべてが相互《そうご》に関係し合って、世界との交流を続けているのです。

感覚・感情・思考・意志

感覚

感覚・感情・思考・意志という４つのはたらきについて、さらに詳しく見てゆきましょう。

感覚は、世界を受けとめるはたらきです。心の中に世界を引き入れる入口です。

ある出来事を前に、考える以前に、「これは好き、これは嫌《きら》い」「これは楽しい、これは苦しい」「これは得、これは損」……と、瞬時《しゅんじ》に世界を受けとめます。そこに現れているのが、心の第1のはたらきである感覚なのです。

感情

感覚は、感情を呼び起こします。感情は、私たちの心に「気分」をつくり出すのです。もっとも基本的な感情は、喜怒哀楽《きどあいらく》です。

うれしい気分、怒りの気分、哀《かな》しい気分、楽しい気分。その気分によって、私たちは、元気になったり、意気消沈《しょうちん》したり、前向きになったり、後ろ向きになったりします。

気分は、心をもち上げたり、押《お》し下げたりします。気分によって、心のエネルギーが上がったり、下がったりするのです。

このように、心の第2のはたらきである感情は、心のエネルギーの弁《べん》を握《にぎ》っているのです。

思考

では、心の第3のはたらきである思考はどうでしょう。

感情が「気分」をつくり出すならば、思考は「考え」を生み出します。

感情は、車で言えば、アクセルとブレーキです。エンジンのエネルギーを制御《せいぎょ》してスピードを決めます。

一方、思考は、ハンドルによって、進む方向をコントロールするのです。

感情と思考は、両者が一体となって、人生の舵取《かじと》りをしてゆきます。

意志

そして、心の第4のはたらきである意志が、世界へはたらきかけます。

心の中で起こったことは、意志を通って世界に出てゆくのです。

言い換《か》えれば、どれほど心で思っても、それが意志のはたらきにつながらない限り、世界に何ら影響《えいきょう》を与《あた》えることはできないのです。

仏教には、「身《しん》・口《く》・意《い》」といって、人間の心と行いを3つの側面から捉《とら》える考え方があります。身とは身体を使って行う行動、口とは言葉による行動、意とは心の中で起こす行動です。

意志は、まさに心の中の行動であり、それが行為や言動などの実際の行動として、世界に現れてゆくのです。

魂と肉体の交差点に生まれる心

ここで、私たちの心が、どのようにして生まれるのかを考えてみましょう。

「魂の学」では、人間を、この世（「現象界《げんしょうかい》」と呼びます）とあの世（「実在界《じつざいかい》」）を生き通す、永遠の生命を抱《いだ》く魂の存在と捉《とら》えます。

魂が現象界に生まれると、物質にあふれたこの世界を生きるために、肉体という鎧《よろい》をかぶるのです。

私たちは、この世界に生まれてくる以前、母親の胎内《たいない》で十月十日《とつきとおか》の月日を過ごします。その間、魂は肉体と融合《ゆうごう》し、心をつくり出す準備を重ねているのです。

こうして、**心は、魂と肉体が混じり合うところに生まれます**（図1）。

皆さんが今、意識している気持ちや考えが生まれているのは心です。

現象界を生きる私たちは、魂の中で何が動いているのかを、直接知ることはできません。現象界では、心を通さないと魂の次元にアクセスすることはできないのです。

同時に、肉体に起こっていることを、直接感じ取ることもできません。

たとえば、肉体が傷ついたとき、心が痛いと感じるから、そこに傷が生じていることに気づくことができるのです。

魂と肉体が出会うことで心が生まれる

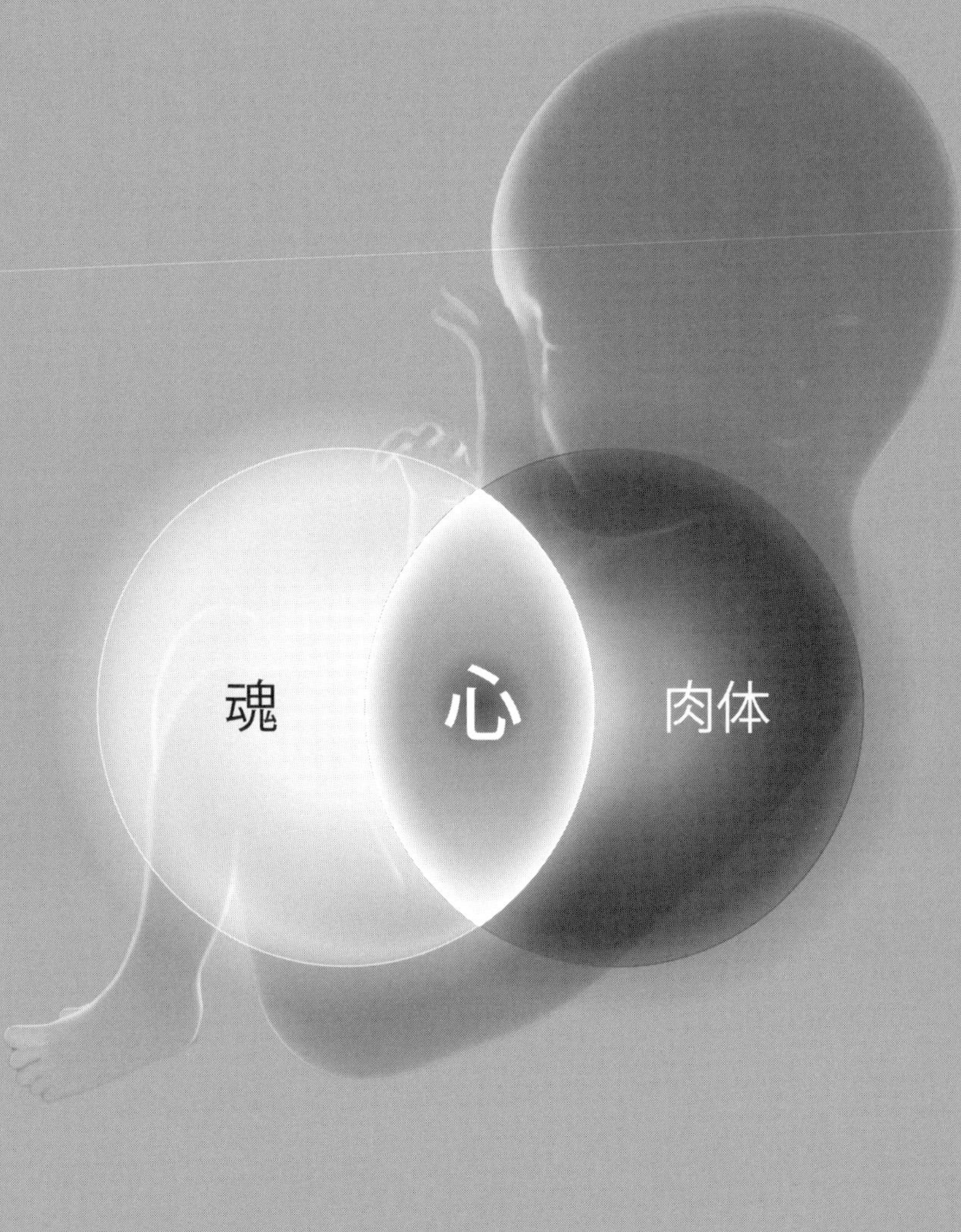

図 1

肉体の影響が優勢

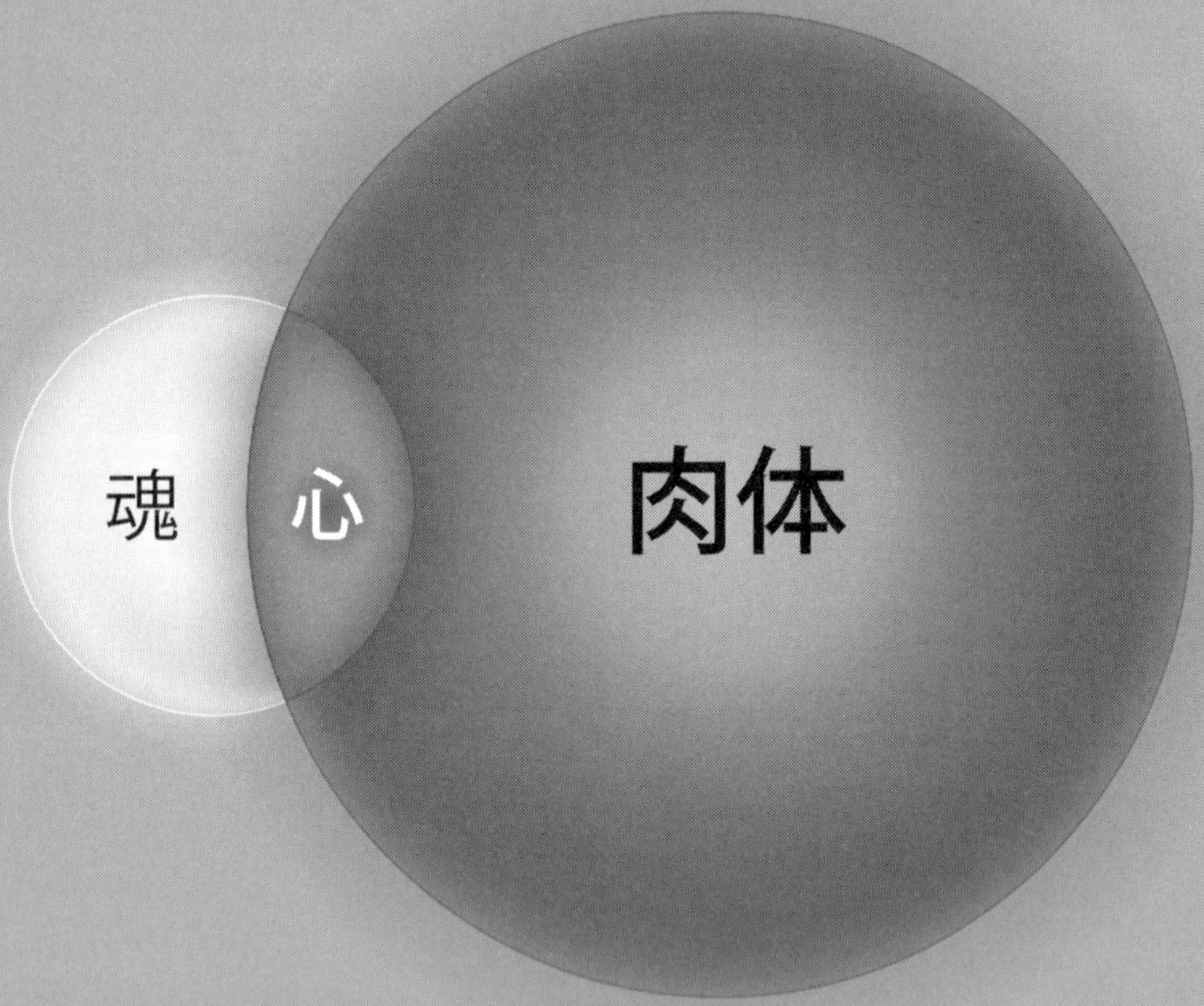

図 2

このように、魂は、肉体を抱くことによって、心をつくり出します。心をつくり出すことによって、魂は、現象界の様々な出来事と交流する術《すべ》をもつのです。

一方、肉体がどれほど精緻《せいち》な機能をもっていても、そこに魂が宿《やど》らない限り、単なる肉の塊《かたまり》に過ぎません。

魂と肉体の交差点に生まれた心は、魂と肉体の両方からの影響《えいきょう》を受けることになります。

しかし、**魂は、この世界に生まれるとき、肉体に埋没《まいぼつ》し、一切《いっさい》の記憶をなくしてしまうのです。**

したがって、人生の始まりにおいては、どうしても肉体の力が優勢になります。私たちの心は、肉体に重心を置いて、この世界を生き始めることになります（図２）。

肉体からの影響《えいきょう》に支配された心

では、肉体の影響が優勢なとき、心はどのようにはたらくのでしょうか。

感覚・感情・思考・意志という４つの心のはたらきの中で、肉体と密接につながっているのは「感覚」です。

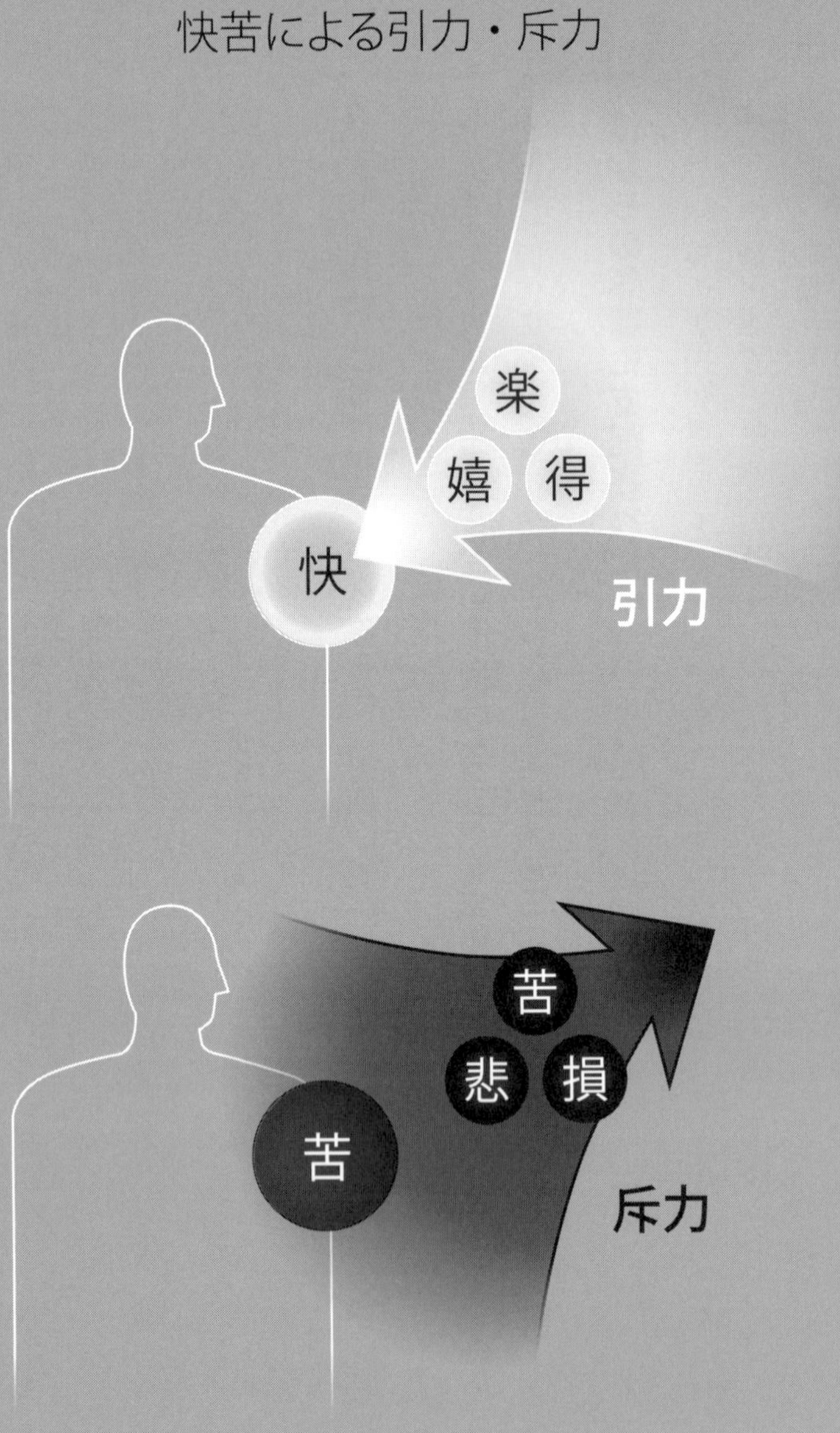

図 3

なぜなら、感覚は、視覚、聴覚《ちょうかく》、嗅覚《きゅうかく》、味覚、触覚《しょっかく》という5つの要素から構成され、それぞれ眼、耳、鼻、舌、皮膚《ひふ》という肉体器官につながっているからです。

そのため、私たちの心が肉体の影響を強く受けるとき、感覚・感情・思考・意志の中でも、とりわけ「感覚」のはたらきが優勢になっているのです。

冒頭に、私たちの心は、絶えず世界との交流を重ねるとお話ししました。

その交流の基本にあるのは、引き寄せるか、遠ざけるかです。**交流の土台には、引き寄せる力＝引力と、遠ざける力＝斥力《せきりょく》があるのです。**

感覚は、快苦――心地よいか、不快かによって、世界との交流の仕方《しかた》を決めてしまいます。

快を伴《ともな》う出来事は、それを引き寄せようとし、苦を伴う出来事は、それを遠ざけようとするのです（図3）。

なぜなら、肉体は、快を引き寄せ、苦を遠ざける快感原則に従うからです。

肉体は、この快感原則に従うことによって、生命を維持《いじ》することができるのです。

「心の力」の封印《ふういん》

快苦に支配された感覚が心を支配するとき、心が抱《いだ》く本来の力は、封印されてしまいます。

まず、心は、非常に単純な感情しか経験できません。

快《こころよ》い感覚を受けたときは、「うれしい」「楽しい」「もっとほしい」といった感情が湧《わ》いて、舞《ま》い上がります。

逆に、苦しい感覚を受けたときは、「嫌《いや》だ」「怖《こわ》い」「イライラする」といったマイナスの感情が起こり、落ち込《こ》むのです。

本来、私たちの感情は、もっと精緻《せいち》で、複雑なはたらきをもっているはずです。たとえば、「うれしいけれど、申し訳ない」「苦しくても幸せ」といった気持ちは、単純な快苦の2分法を超えた深い感情なのです。

では、思考はどうでしょう。

快苦に縛《しば》られた思考は、本当の意味で、考えることはできません。感情と同じように、思考も本来の力を発揮《はっき》することができないのです。

先入観や間違《まちが》った常識をなぞることが、あたかも考えることであると錯覚《さっかく》しています。

また、考えているようで、実は、単なる他人の意見の受け売りだったりするのです。

第1章の谷口さんの実践を思い出してください。

谷口さんは、目の前の出来事を困難なものと受けとめると、すぐに「できるとは思えない」という結論を出していました。

つまり、「感覚」が困難＝苦と受けとめると、感情はほとんど自動的に「できない気分」に満たされ、思考は考えることをやめて「できない理由」を挙げ《あ》連《つら》ね、最後、意志が「できるとは思えない」という結論を下《くだ》してしまうのです。

どんなに大切な案件であったとしても、「感覚」がそれを困難と受けとめたら最後、事態を引き受けようとはしなくなってしまうのです。

ジェットコースターのように動く感覚・感情・思考・意志の流れを、止めることはできなかったのです。

これでは、「心の力」を発揮することは到底《とうてい》かないません。もし、谷口さんの心がこの状態にあったら、その後に続く数々の事件を引き受けて、あのような結果を出すことはできなかったでしょう。

魂の影響力《えいきょうりょく》が強くなるとき

では、私たちの心に対して、魂の影響力が強くなるとき（図4）、感覚・感情・思考・意志はどのようにはたらくのでしょうか。

私は、魂のことを**「智慧《ちえ》もつ意志のエネルギー」**と表現してきました。**魂は、私たちの心に「意志」を運んできます。**

肉体の影響が大きな力をもつとき、心は「感覚」が優勢になるとお話ししました。一方、魂の影響が強くなると、今度は、感覚・感情・思考・意志の中で、とりわけ「意志」の力が大きくなるのです。

それによって、心のはたらきは、大きな変貌《へんぼう》を遂《と》げるようになります。

意志は、願いと後悔から生まれます。

願いは、「こう生きたい。こういう未来をつくりたい」という心のエネルギーです。一方、後悔は、「もう2度とこういうことはしまい。繰《く》り返したくない」という動因を私たちの中に生み出すのです。

つまり、願いは、それに向かってゆこうとする力――引力をつくり出し、後悔は、それを引き離そうとする力――斥力《せきりょく》をつくり出すのです。

魂の影響が優勢

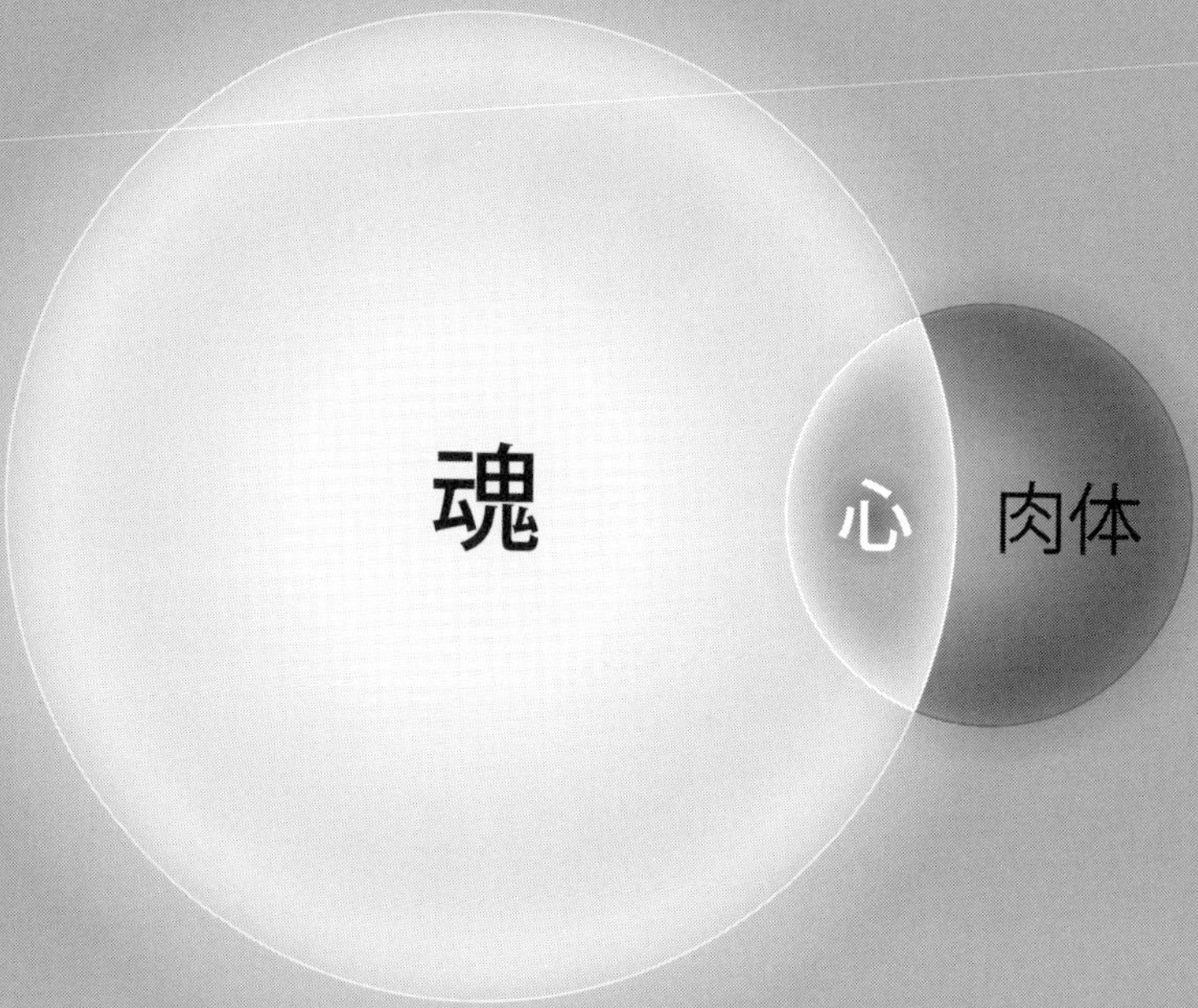

図 4

願いと後悔による引力・斥力

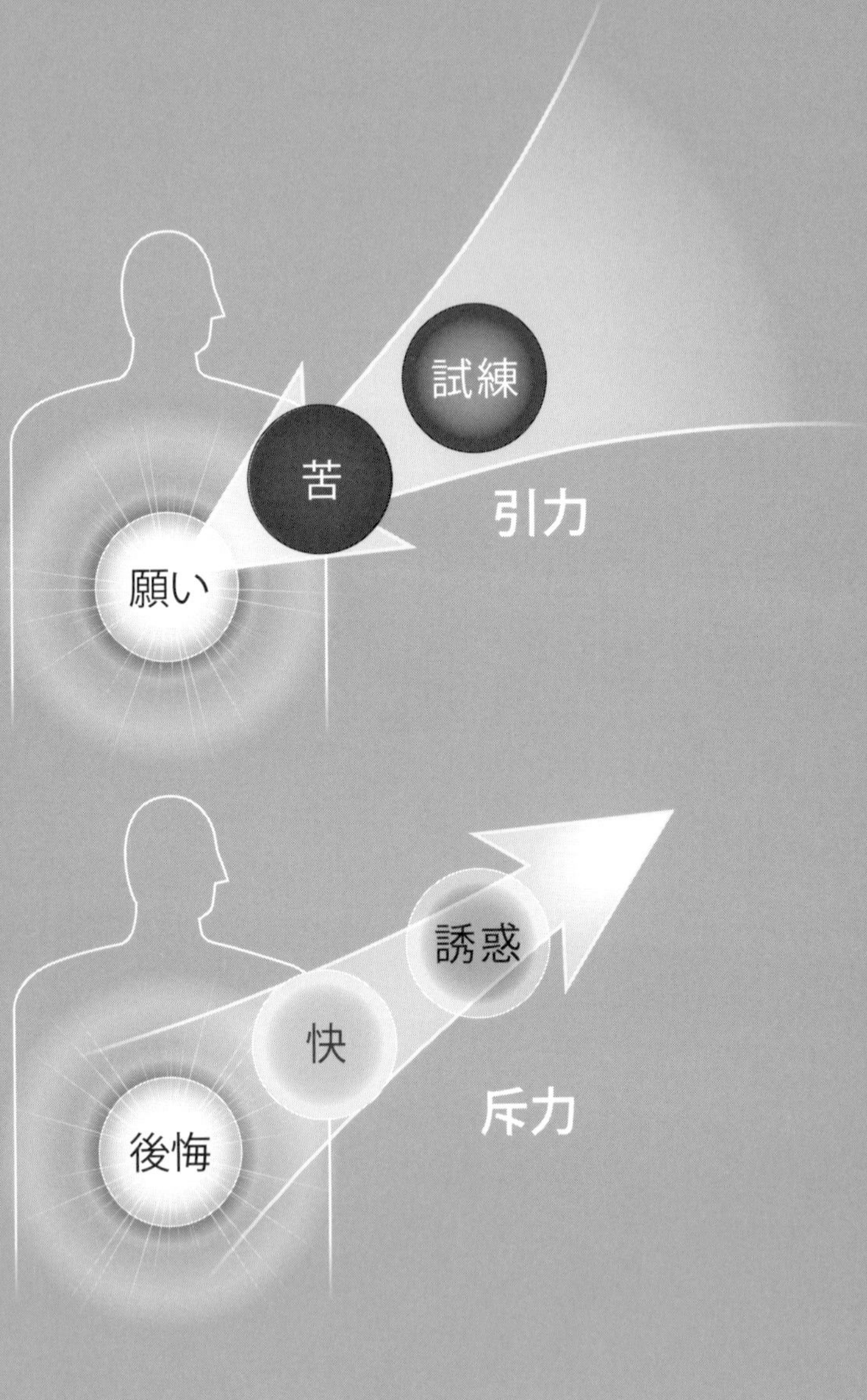

図 5

この願いと後悔による引力と斥力は、快苦に基づく引力、斥力を超えるものです。

図5をご覧ください。

試練のとき

たとえば、目の前に試練がやってきたとします。

業績の不振《ふしん》、手に負《お》えない課題、転職の失敗、人間関係のあつれき、突然《とつぜん》の病、子どもの不登校、嫁姑《よめしゅうとめ》問題の再燃《さいねん》、家族間の相続争い……。

そのとき、私たちの心で「感覚」が優勢であればどうでしょう。試練は苦であり、その試練を遠ざけようとします。誰《だれ》もが試練とは出会いたくないものです。

試練から逃《に》げてしまったり、引き受けることを先延ばししたり、また、責任転嫁《てんか》をして人に預けてしまったりするのです。

しかし、私たちの心に「意志」が生まれたらどうでしょう。

「試練の先にある未来を創造したい」という願いがあれば、その願いが試練に対して引力をつくり出すのです。

「たとえつらくても、今は耐《た》えるとき。これを引き受けよう。今は困難の時期かもし

れないが、これを通り抜《ぬ》けた先に、必ず素晴《すば》らしい未来が開かれる」これこそが、意志がつくり出す、試練を引き受けようとする引力です。

そして、たとえつらくても（＝斥力《せきりょく》）、それを引き受けよう（＝引力）というように、魂から生まれる「引力」が、肉体から生まれる「斥力」に勝《まさ》ることになるのです。

誘惑《ゆうわく》のとき

一方、目の前に、人生を狂《くる》わせてしまうかもしれない「誘惑」が訪れたとしましょう。怠惰《たいだ》の誘惑、快楽の誘惑、権力・名誉《めいよ》の誘惑、逃避《とうひ》の誘惑、お金の誘惑、虚栄心《きょえいしん》の誘惑、人間関係の裏切りの誘惑……。

今度は、「感覚」が、その誘惑を引き寄せてしまいそうになります。なぜなら、快苦の快が、その誘惑に対して引力をつくり出すからです。

しかし、そのとき、「意志」が立ちはだかるのです。強い後悔《こうかい》があるならば、「もう2度とあの間違《まちが》いは繰《く》り返したくない」。肉体からやってくる引力に負けないだけの斥力《せきりょく》を、魂からもたらされた意志がつくり出すということです。

第1章の谷口さんの歩みの中で、S社の副社長が突然《とつぜん》訪問してきて、事態の改善を突《つ》きつけてきたとき、かつての谷口さんならば、すぐにでも「できるとは思えない」。そういう結論を導き出していたでしょう。

なぜなら、入口の「感覚」が「これは超難題」と受けとめた途端《とたん》、その事態に対する斥力が生まれ、その力に引きずられるように、感情・思考・意志は一斉《いっせい》にそれに追従《ついじゅう》するからです。

結果として、「できるとは思えない」。そうなっていたことでしょう。

しかし、その後の震災の試練の中で、谷口さんの中に、「東北工場の仲間を守りたい」という「意志」が生まれたのです。

谷口さんは、その意志をもって、事態を引き受ける決断をしました。事態との間に「引力」をつくり出したのです。

そして、その**意志が、心に深い感情と、精緻《せいち》な思考を生み出すことになります。**

谷口さんは、今でも、当時の体験を振《ふ》り返り、東北の仲間のことを語るとき、決まって涙されます。その谷口さんの心の中に生まれている感情こそが、快苦を超えた深い感情なのです。

その感情を受けて、次に思考が活発に動きます。「できるための方法」を考えるようになったのです。

つまり、最初に「意志」があり、その意志が、感覚・感情・思考を統括《とうかつ》したということです。こうして谷口さんは、「心の力」を取り出すことによって、素晴《すば》らしい実践の成果を生み出したということです。

「心の力」の開拓《かいたく》

これらのことは何を示しているのでしょうか。

それは、感覚・感情・思考・意志には段階があるということです。

低次で未熟な心と、高次で成熟した心。

その2つの心は、まったく異なる世界を見ています。

その2つの心は、まったく異なる気持ちを感じています。

その2つの心は、まったく異なることを考えています。

そして、その2つの心は、世界に対してまったく異なるはたらきかけを行うのです。

大切なことは、私たちは、この感覚・感情・思考・意志のはたらきを育むことができるということです。

この4つのはたらきを育み、自らの中から、まったく新しい「心の力」を取り出すことができるのです。

全国営業所最下位の成績

第2章では、お2人の実践の歩みを取り上げたいと思います。

いずれの方も、本章で触《ふ》れた心のはたらき——感覚・感情・思考・意志に課題を抱《かか》えながら、それを実践的に乗り越えてゆかれた方々です。

最初にご登場いただくのは、黒坂健太朗《くろさかけんたろう》さんです。

愛知県に本社のあるポンプ製造販売会社の東北の営業所の1つに勤務する黒坂さんは、入社11年目。営業部主任を務めています。

黒坂さんの主な仕事は、会社が扱《あつか》っているポンプの新規導入や保守です。

黒坂さんが勤める営業所は、雪深い地域であることから、雪を溶《と》かすためのポンプが売上の大半を占《し》めています。

ところが、2023年は暖冬《だんとう》で雪が降らず、ポンプの販売《はんばい》成績がまったく伸びませんでした。そのため、先期(2023年9月～2024年8月)の売上成績は、全国の営業所の中で最下位に終わることになってしまいました。

職場の空気は、「何をやっても無駄《むだ》だから」と、完全にあきらめムード。打開策を考えようにもお手上げの状態でした。

「雪が降らないからどうしようもない」

所員一同、顔を合わせれば、そう話していたのです。

黒坂さんも、「もうそれ以上考えられない」と、「思考」が白旗を上げて降参《こうさん》。心のはたらきの重要な区画である「思考」が、ある意味、死に体《たい》の状態だったのです。思考を死に至《いた》らしめたのが、「雪が降らないからどうしようもない」という思い込《こ》みでした。

そんな中、営業所の所長から、6月に東北支店の支店長が視察に来ることが告げられました。そのとき、考えもしていなかった言葉が耳に入ってきたのです。

「この営業所がこれからどういうことをやってゆくのか、黒坂さんが代表として話してください」

「えっ!?」

黒坂さんは、いきなり重い責任を押《お》しつけられた気分になりました。

「どうして自分に全部振ってくるの?」

一瞬《いっしゅん》にして重圧感に押し潰《つぶ》されそうになり、被害者《ひがいしゃ》意識が膨《ふく》らみました。

普通に考えれば、それは、ある種の抜擢《ばってき》と受けとめることだってできるでしょう。しかし、息も絶《た》え絶《だ》えになっていた思考に連動して動いた感情は、そこで本来抱《いだ》くことができるはずの気持ちを呼び出すことができず、自分で勝手に描《えが》いたストーリーで、偏《かたよ》った気持ちを引き出すことになったのです。

黒坂さんは、それらの気持ちを呑《の》み込《こ》んでしまい、所長に伝えることはできませんでした。自分でもどうしたらよいか見当もつかず、悶々《もんもん》とした想いになってしまったのです。

事実は違《ちが》っていた——仲間からの励《はげ》ましに心を取り戻《もど》す

黒坂さんは、私が主宰《しゅさい》するGLAでは青年塾に所属しています。

青年塾は、未来を担《にな》う若者たちが自らの可能性を切り開き、生きる力を身につけるための学びと実践の場です。

35歳までの中高生、大学生、社会人が、同じ志をもつ仲間と合宿や勉強会、ボランテ

35歳までの青年たちが参加する「青年塾セミナー」。八ヶ岳山麓の会場で行われる著者の講演をはじめ、様々な取り組みを通じて、本心でぶつかり合いながら切磋琢磨し、未来を切り開くための「心の力」を鍛錬している。

ィア活動などを通じて、実践的な学びを体験してゆきます。

「魂の学」を土台に、自分の心と向き合うワーク、グループミーティングやディスカッションを重ねることで、将来の夢や人生の使命を尋《たず》ねてゆく研鑽《けんさん》の場でもあります。

さらに、先輩やスタッフによる進路相談やメンタリングも充実《じゅうじつ》していて、勉強や就職、対人関係など、幅広い悩みに寄り添《そ》ってくれるのです。

青年塾では、とりわけ同世代の仲間との対話を通じて、互《たが》いの視野を広げながら豊かな人間関係を築くことを大切にしています。

その中の取り組みの1つが、**「切磋琢磨《せっさたくま》」**です。

これは、一般的な意味での切磋琢磨を超えて、本心と本心がぶつかり合う中から、互いが自分でも気づいていない「本当の自分」の気持ちや願いに目覚めてゆく、青年塾における大切な取り組みです。

黒坂さんは、営業所での出来事と戸惑《とまど》いを、グループの友人に分かち合いました。まさに切磋琢磨の場に飛び込《こ》んだのです。

すると、仲間の1人からこう言われました。

「黒坂君、もったいないよ。会社にいるときの黒坂君は、GLAにいるときの黒坂君

約5000名が参加した「2024青年講演会」（東京国際フォーラム）。著者の講演のほか、ポスター発表、シンポジウムなど、この場から新たな世界が開かれてゆく予感に満ちた、エネルギーあふれる場となった。

◀青年講演会のご案内はコチラ

とまったく別人じゃないか」

所長の話を聞いた黒坂さんの受けとめ方に違和感《いわかん》を覚えた仲間が、率直に意見を言ってくれたのです。

「会議まであと1週間。その1週間だけでいいから、本気で取り組んでみようよ」

さらにそう言って励ましてくれたのです。

仲間の指摘《してき》は、納得のゆくものでした。その意見によって、まず、黒坂さんの心の中の感情が新しい気持ちを運んできました。

「確かに、営業所の自分は、青年塾にいるときの自分とは違うかもしれない。何が違うのだろう？」

考えてゆくと、黒坂さんは、青年塾の仲間をとても信頼《しんらい》していて、仲間の1人から思わぬ指摘を受けたときにも、それに異《い》を唱えず、意味ある進言として受けとめる自分だったことに気づいたのです。

「同じように、所長の言葉をまっすぐに受けとめてもよかったのかもしれない」

そう思った黒坂さんは、実際に所長と話をしてみました。

すると、話の中で所長の真意が伝わってきたのです。

「売上が低迷する中で、どうやっていいか、私にもわからない」

所長自身が悩んでいることを率直に話し、さらに「一緒に考えてゆこう」と言ってくれました。

所長は決して自分に責任転嫁《てんか》をしていたわけではない。むしろ、自分に期待してくれていたんだ——。黒坂さんはそのことを知ったのです。

呼びかけられた事実の点検——思考が動き始める

ここで大きかったのは、黒坂さんが当初、自分の中で勝手に膨《ふく》らませていた想いをいったん止めて、現実に自分の身を運んだことです。一瞬《いっしゅん》にして妄想《もうそう》のように膨らんだ想いにとどまらずに、実際に所長にぶつかって確かめたことです。

そのことによって、まずは、黒坂さんの「気分」が変わりました。すると、その気分が、次には新しい「考え」をつくり出すようになったのです。

この事態を前にして、気分＝「感情」と、考え＝「思考」が大きく変わりました。それは、感情と思考が動き始めた瞬間だったと言えるのではないでしょうか。

ここから、黒坂さんの中で死に体《たい》になっていた「思考」がはたらき始めます。

思考が「事実の点検」を始めるようになったのです。

「営業所の成績低迷の原因は何だろう。自分も含《ふく》めて、皆が『雪が降らないから』と、何年も前から言い続けてきた。先輩《せんぱい》たちもそう言い続けている。けれども、それは本当なのだろうか――」

感情と思考が変わることによって、「感覚」が目を覚《さ》ましました。「事態の捉《とら》え方は本当に正しかったのだろうか」と、自分でデータを調べることを思い立ったのです。

気象庁のデータベースから雪の日数を調べ、それと製品の売上の関係を調べました。すると、その2つには相関関係があることが確認できました。

しかし、その点検をする中で、それ以上に重要なことを見落としていたことが見えてきたのです。

会社では、営業の対象を、既存《きそん》市場と新規開拓《かいたく》市場の2つに分けています。

実は、黒坂さんの営業所では、既存市場が、売上のほぼ100%を占《し》めていることがわかったのです。

人口が減少してゆく中で、既存市場だけを守ろうとしていたら、どうなるか――。

10年後、20年後、売上は減少の一途《いっと》をたどるほかなくなります。

営業所が抱《かか》える問題の本体は、「雪が降る・降らない」ではない。

さらに言えば、「今年の売り上げが最悪」ということですらないかもしれない。

実は、目に見えてわかりやすい問題の背後に、「新規市場の未開拓」という大問題があることを突《つ》きとめたのでした。

こうした考察を経《へ》て、視察に来た支店長に現状と未来の方針を語ることができました。

青年塾《じゅく》ポスターセッションで教えられたこと

青年塾では、「魂の学」に基づく実践を行った結果、そこでどのような気づきや発見、人としての成長があったのかを、皆で分かち合う様々な機会があります。その1つが、ポスターセッションです。

自分の実践の内容をポスターにまとめ、それを仲間の前で発表し、1人の発見を全体の智慧《ちえ》としてゆくことを趣旨《しゅし》としています。

大会場にずらりと並んだ約50ものポスターが、若者たちの実践の軌跡《きせき》を鮮《あざ》やかに映し出しています。

発表者は、緊張と期待を胸に自身の体験や気づきを熱く語り、ファシリテーター（全

[写真上] 青年塾で行われた「魂の学」実践のポスター発表で、ファシリテーターを務めた黒坂さん（左）。会場では、数十ものポスターが同時に立ち並び、多くの若者たちが学校や職場での実践を熱く語り、聴衆と響き合う中で感動のドラマが生まれていた。

[写真下] 会社で仕事をする黒坂さん。青年塾で体験した「志でつながった『私たち』」を、会社でも実践していった。その「心の力」から生まれた実践は、社長や取締役の方をも動かし、職場を変えていった。

体が円滑に進行するように調整・支援する人）は、絶妙なタイミングで問いかけを投げかけます。

そのやり取りを聞く周囲の聴衆《ちょうしゅう》からはコメントや質問が次々に飛び出し、その場はまるで智慧《ちえ》の火花が舞《ま》うような活気に満ちてゆくのです。

テーマは、勉強や人間関係、将来の夢など多岐《たき》にわたり、1つ1つの発表には、気づきや発見を真摯《しんし》に伝えようとする姿勢や、互《たが》いを応援《おうえん》し合う温かさが感じられます。

そこには、苦しみを乗り越えた歓《よろこ》び、また、新たな一歩を踏《ふ》み出す決意が充満《じゅうまん》し、人と人とが響《ひび》き合う感動のドラマが生まれています。

最後には、発表者自身も新たな発見に驚き、聴衆も深い納得や共感を心に刻んでゆく。「魂の学」を実践する青年たちの躍動《やくどう》が、会場全体を大きな感動で包み込《こ》む瞬間《しゅんかん》です。

あるとき、黒坂さんは、青年塾のKさんの先輩《せんぱい》として、Kさんの切磋琢磨《せっさたくま》を担《にな》うことになりました。そして、そのKさんのポスター発表のファシリテーターを担当することになったのです。

しかし、ファシリテーターという導く立場にありながら、実際は、Kさんの実践から愚直《ぐちょく》に歩む大切さとその智慧を教えてもらったというのが、発表が終わった後の黒坂さんの率直な実感でした。

そのような歩みの中で、黒坂さんの「心の力」は、ますますパワーアップしてゆきました。そして、そのエネルギーを営業所の職場に注ごうと思ったのです。

「心の力」による営業所の変化

黒坂さんの感情は、ずっと豊かになってゆきました。

気づいてみると、自分の周囲の人たちを支え、力を与《あた》え、ときには自分よりも同僚《どうりょう》たちを押《お》し出してても、元気になってもらうという気持ちになっている自分に驚きました。

すると、職場で後輩《こうはい》との交流が生まれ、少し心を開いてくれるようになりました。

仕事がしんどそうな同僚が、「ちょっと元気が出た」と言ってくれました。

営業所の雰囲気《ふんいき》も少しずつ変わってゆくように感じました。

そのような中、9月に再び支店長が黒坂さんたちの営業所にやってくることになったのです。

2024年の初めは、全員が口を揃《そろ》えて「雪が降らないから」と言い、「雪よ、降ってくれ」と雪乞《ご》いをするような状況でした。

しかし、この頃には、「挑戦《ちょうせん》の連打をする」「失敗を恐れない営業」「過去の前提にとらわれない営業スタイル」といったように、所員1人ひとりが、その気持ちを前面に押し出して、いきいきと話をするようになっていたのです。

支店長も、営業所の皆に向かって、気持ちを込《こ》めて話をされます。

「他の営業所では、当たり障《さわ》りのない、いつもと同じようなことばかり話していた。しかし君たちは、具体的な計画だけでなく、『こういう営業をしたい』と挑戦する心を示してくれた。現状を変えようとしているのは、この営業所だ」

そのように大きな評価を与えてくれたのです。

本心で伝える——大きな評価につながった本社研修でのプレゼン

そんな中、10月には全国の営業マンが世代を超えて集まる本社研修が行われました。黒坂さんは、この時期、「本心を言えない」という新たな自分のテーマに向き合っていました。

「魂の学」における「本心」は、一般的な意味での「本心」とは少し異なっています。それは、一言で言えば、魂に直結して感覚・感情・思考・意志が全機した心——。それが、「本心」なのです。

幼い頃の黒坂さんは、ある意味、人気者でした。幼稚園《ようちえん》のとき、バレンタインの日に、リュックサックがいっぱいになるほどのチョコレートをもらったこともありました。

しかし、黒坂少年は、次第《しだい》に内にこもるようになってゆきました。

中学生のときは、周りはやんちゃな友だちばかり。夜遊び、喧嘩《けんか》、警察にお世話になる人たちもいました。

こんな仲間に巻き込《こ》まれたくない。しかし、その仲間を前にすると、自分の本心を言えない。黒坂さんは、自分の本心を押《お》し殺し、「中学の3年間は1人でいる」と決めて、授業が終わるチャイムが鳴ると、1人ですぐ家に帰るという生活を送っていたのです。心は萎縮《いしゅく》し、「本心」は失われてゆきました。

そんなこともあって、高校は、同じ中学の友だちがいない学校に進学。そこでは、中学時代の反動から、逆に気持ちが爆発《ばくはつ》することになりました。

通い始めた当初、髪《かみ》を赤く染《そ》めて先生から怒《おこ》られ、坊主《ぼうず》にさせられる。奇抜《きばつ》な服装で、とにかく目立とうとする。

「もう1人で内にこもるのは嫌《いや》だ。自分の好き勝手にやりたい」

高校時代は、中学のときとは真逆の生き方になったのです。しかし、それもまた本心ではなかったのです。

そして、迎《むか》えた10月の本社研修でのプレゼンテーションのテーマは、「社員としてありたい姿」でした。

黒坂さんは、自分のテーマを「職場の社員1人ひとりが、志でつながった『私たち』となる」と定め、本心かつ自分の願いを語る実践としたのです。

なぜ黒坂さんがこのテーマを選んだのか。もちろんそれは、それまでの青年塾の歩みがあったからにほかなりません。

黒坂さんは、青年塾で、志でつながった「私たち」を経験したのです。

黒坂さんのプレゼンは、多くの方の心に響《ひび》きました。カリキュラムを組んだ部署の代表の方から、「今期、全営業マンの中で、黒坂さんのプレゼンが突出《とっしゅつ》していた」と高く評価されたのです。

取締役《とりしまりやく》の1人が尋《たず》ねます。

「君が掲《かか》げたヴィジョンは、いつまでに実現したいんだ?」

「すぐには無理なので、1年間かけて、職場で挑戦《ちょうせん》させてください」

黒坂さんがそう答えると、

「では、それを見させてもらおう」

そして、そのプレゼンから1年後の2025年9月に、社長と取締役の方が、88カ所ある支店・営業所の中から、黒坂さんのいる営業所に来所することになりました。

黒坂さんの本心が、社長と取締役の心を動かしたのです。

黒坂さんは、この期間、青年塾にいるときの自分と、会社にいるときの自分の違和感《いわかん》がどんどん強くなってゆくのを感じていました。まるで、自分の中に2人の自分がいるような感じだったのです。

それは、これまでの自分がつくり出していた感覚・感情・思考・意志の流れから、それを断《た》って、新たな自分がつくり出す感覚・感情・思考・意志が生まれ出ようとしているときに生じた感覚です。

黒坂さんは、これからの人生で、無数の事態に出会うことでしょう。

そのとき、1つ1つの岐路《きろ》において、どのような心のはたらきを示してゆくのか、どのような感覚・感情・思考・意志を動かしてゆくのか——。それがこれからの黒坂さんの人生の形を決めてゆくことは間違《まちが》いありません。

時代の要請《ようせい》を受ける福祉の現場

現在、わが国では、団塊《だんかい》の世代が後期高齢者《こうれいしゃ》となる2025年問題を背景に、高齢者の方々をすべて病院や介護施設でお世話することが困難になることが見込《こ》まれ、在宅医療・在宅ケアの重要性が日増しに大きくなっています。

住み慣れた自宅で過ごすことで、QOL《キューオーエル》（生活の質）の向上が期待できるなどの利点がある一方で、家族の負担《ふたん》が大きくなることも含《ふく》め、それぞれのケースに対する丁寧《ていねい》な対応が求められているのが、在宅ケアの現場と言えます。

本章の2人目の実践者として、これからご紹介する加藤真美《かとうまみ》さんは、まさに在宅ケアの現場に関わっているお1人です。

もともと名古屋に住んでいた加藤さんは、様々な人生の体験を経《へ》て、「魂の学」に基づく福祉の実践を志して上京しました。

そして、現在は、東京にあるウェルビーイング21居宅介護支援事業所の主任ケアマネジャーとして、その責務《せきむ》に応《こた》える毎日を送っています。

郵便はがき

料金受取人払郵便

浅草局承認

6138

差出有効期間
2026年12月19日迄
切手をはらずに
お出しください

1118790

034

東京都台東区雷門2-3-10

三宝出版株式会社 行

●ご記入いただく情報は、小社からの事務連絡や各種ご案内等に使用させていただきます。

おなまえ(フリガナ)	年齢	男・女

おところ〒

TEL.　　(　　)

E-mail :

ご職業(なるべく詳しく)

お買い求めの動機
(該当のものに○をつけてください)

店で見て　新聞・雑誌・広告で　書評・紹介記事を見て
(その新聞・雑誌名　　　　　　　　　　　　)
人にすすめられて　友人からいただいた　小社からの案内を見て　その他(　　　　　　　　)

お買い求め書店名及び所在地　　　書店　　　市・郡

ご購読の新聞・雑誌名

愛読者カード

ご購入の書籍名

ご感想は、スマホ(PC)からも入力できます。
https://www.sampoh.co.jp/reader

愛読者カードをお送りいただいた皆様に粗品をプレゼント!

今後の出版企画に役立たせたいと思いますので、お名前、ご住所をご記入の上、ご返送ください。新刊、講演会等のご案内をさせていただきます。なお、お寄せいただいた内容は、小社の宣伝物に匿名で、(場合によって直筆コピーを)掲載させていただく場合があります。

本書についてのご意見ご感想など、自由にお書き下さい。

※本書をぜひ、ご友人・知人・ご家族にご紹介下さい。

●小社では宅配サービスを行っています(送料実費)。この葉書にご注文の書名と冊数をお書きの上、お申し込みください。

書名	冊

TEL 03-5828-0600(代) FAX 03-5828-0607
http://www.sampoh.co.jp/

ケアマネジャーは、利用者の肉体的、精神的な状況を把握《はあく》して、個々のニーズに合ったケアプランを作成し、さらに、様々な介護サービス提供者、医療機関、地域と連携《れんけい》しながらサービスの調整を行います。

様々な状況を抱《かか》えた利用者にとって、もっとも望ましいケアの形を提案し、その関係をつくってゆくはたらきです。

ご本人やご家族とのコミュニケーションを含め、その方の生活や人生に対する配慮《はいりょ》が求められ、人間に対する関心や共感、思いやりをベースとする仕事と言ってよいと思います。

ところが、加藤さんの人生は、そのような素養をもたらす環境とはほど遠い現実から始まったのです。

罵声《ばせい》が響《ひび》く家――人生の生《お》い立ちの束縛《そくばく》

かつての加藤さんは、ものごとに対してとても慎重《しんちょう》で、なかなか一歩を踏《ふ》み出そうとせず、自分とものごとを切り離《はな》す傾向《けいこう》がありました。

「ここから先はあなたの問題。私の問題じゃない」というところがあったのです。

「加藤さんは、役所の窓口みたいだ。『本日の業務は終了しました』とシャッターが下ろされる感じ」と言われていました。

なぜ、加藤さんはそんな印象を与《あた》えてきたのでしょうか。

どのような場合でも、人がそうなるには必ず理由があります。

加藤さんの人生の生い立ちには、そうならざるを得ない理由が隠《かく》されていたのです。

加藤さんが幼い頃、家の中はいつも罵声が響いていました。父親と祖父母の仲が悪く、激しい言葉のやり取りが絶《た》えない家でした。

父親も祖父母も大好きだった幼い加藤さんにとって、それは本当に悲しく、つらいことでした。

実際、加藤さんにとって、その罵倒合戦《ばとうがっせん》の殺伐《さつばつ》とした気配《けはい》がどれほど恐《おそ》ろしいものだったのか、それは言語《げんご》に絶《ぜっ》するものでした。ときには命の危険を感じるほどで、そんなとき、加藤さんは、机の下に潜《もぐ》り込《こ》み、身を固くして嵐《あらし》が通り過ぎるのをじっと待っていたのです。

感情を押《お》し込《こ》めた生き方——ものごとと自分を切り離《はな》す

幼い加藤さんにとっては、目の前で起こっている大人の大げんかに介入《かいにゅう》する力はありません。ただ身を遠ざけて、事態が変わることを待つしかなかったのです。それが、加藤さんが自ら引き出した唯一《ゆいいつ》の知恵《ちえ》でした。

そういう中で、加藤さんの「感情」は、次第《しだい》にその力を失ってゆきました。

加藤さんは、幼少期の家庭環境の中で、感情を動かさないことを自己防衛《じこぼうえい》の最善策《さいぜんさく》として身につけました。

家庭内は、父親と祖父母が頻繁《ひんぱん》に激《はげ》しく言い争い、常に張り詰《つ》めた空気に包まれていました。そこで感情が動き出せば、自分が壊《こわ》れてしまう。何も感じないように自分を追い込んで、静かに事態が過ぎ去るのを待つようになったのです。

やがて、心を閉ざし、傍観者《ぼうかんしゃ》の立場を取ることが当たり前になってゆきました。自分の気持ちを抑《おさ》え、静観《せいかん》することで心の平穏《へいおん》を保とうとし、感情を動かさないことが「安心できる生き方」として定着していったのです。

加藤さんのものごととの距離《きょり》の取り方は、そんな自分を守るために生まれてきたと言ってよいと思います。それを無意識の底に刻んでゆきました。

先述の黒坂さんが「思考」に大きな問題を抱《かか》えていたとしたら、加藤さんは、「感情」のはたらきが萎縮《いしゅく》していたのです。

本来「感情」は、喜怒哀楽《きどあいらく》というように、様々な顔をもつものです。ところが、加藤さんにとっては、そのような多様な感情は姿を見せず、「恐《おそ》れ」が引き出されるとそれ一色になってしまい、何ごとにも慎重《しんちょう》になるのは仕方《しかた》のないことだったのです。

絶対に独《ひと》りで死なせてはいけない——父親の死への強い後悔

加藤さんに人生の重荷《おもに》を背負わせたのは、父親でした。しかし、その父親は、加藤さんに「魂の学」のことを伝えて、学ぶきっかけをつくってくれた人でもありました。

加藤さんは、「魂の学」の人間観・人生観を知り、自分の人生の不自由さを自覚できるようになりました。人生のしくみや心の不思議を学び、同時にその本来の力を知ってゆきました。

なぜ、自分がものごとに慎重《しんちょう》なのか、事態と自分を切り離《はな》してしまうのか、その原因が生《お》い立ちにあることを理解するようになったのです。

新たな人生の道を開いてくれた父親。しかし、加藤さんが24歳のとき、うつ病で長らく苦しんでいた父親は、54歳で自ら命を絶《た》ってしまいました。

加藤さんの父親は、20代でうつ病を発症《はっしょう》し、長期にわたって治療《ちりょう》と闘病《とうびょう》を続けてきました。病院から処方《しょほう》される薬を飲んでいましたが、病状は一進一退《いっしんいったい》。

もともと父親は警察官でしたが、病のこともあって退職。少し回復してから、タクシーの運転手に転職しました。

最初の発症は、まだ加藤さんが生まれる前のこと。そのため、長い間、加藤さんは父親がその苦しみを抱《かか》えていることを知りませんでした。

症状が軽いときは、ほとんど健常者と変わりなく接することができました。話好きで様々な相談にも乗ってくれる優《やさ》しい父親だったのです。

しかし、症状が進行して重くなると、強い薬を飲むようになりました。元気だった父親が、意識が朦朧《もうろう》とした状態になり、会話もせず、いつも暗い感じで家にいる――。そんな父親を見ること自体、つらくて仕方《しかた》がありませんでした。

いつも病院に付き添《そ》ってくれたのは母親。就職直後で忙しかったこともあり、父親のことは母親に任《まか》せ、自分は関わることができませんでした。

手に負えない現実を前にすると、事態と自分を切り離してきた加藤さんには、苦難を抱《かか》えた父親に対して何もできなかったのです。

父親が最後の選択をしてしまったあの日、加藤さんは自分の無力さに押《お》し潰《つぶ》されそうでした。

「ずっと苦しそうだった父の姿は、見ているだけで胸が締《し》めつけられるほどつらかったのに、なぜ一歩を踏《ふ》み出せなかったのか」

「忙《いそが》しい、時間がない、どう声をかければいいのかわからない……。そんな些細《ささい》な言い訳《わけ》が、父と向き合う勇気を遠ざけていた」

父親がうつ病の深い闇《やみ》の中にいると知りながら、加藤さんはそれを本当の意味で共有することを恐《おそ》れていたのです。

父親の苦しみに近づくほど、自分までもが壊《こわ》れてしまいそうだったからです。

気がつけば、寄り添うことよりも、逃《に》げることを選んでいました。

「あのとき、『大丈夫?』のひと言をかけてあげるだけでも、父は少し肩の荷を下ろせたかもしれない。『話を聞かせて』とそばに座《すわ》るだけでも、父は孤独《こどく》から救われたかもしれない」

そう思うたびに、「どうして、たったひと言がかけられなかったのか」と自分を責めずにはいられない。

「父を独りで逝《い》かせてしまった」

「目をそらしているうちに、父の生命《いのち》の灯火《ともしび》が消えてしまった——」

父親を亡くした加藤さんの心情は、察するに余りあります。

けれども、その痛みが加藤さんを奮《ふる》い立たせることになります。

心の奥底から、「誰《だれ》かのそばに寄り添える仕事をしたい」という声が湧《わ》き上がってきたのです。

まるで父親が遺《のこ》してくれた最後のメッセージを受け取ったかのように、その声は確信に満ちていました。

「父のように孤独の中に取り残される人を、もう2度と見過ごしたくない」

その想いは、これまで感じたことがないほど強く、加藤さんの中で密《ひそ》やかに、しかし確固《かっこ》たる根を張り巡《めぐ》らせ、揺《ゆ》るぎない志へと変わってゆきました。

父親の死が加藤さんに与えた後悔は、同時に、新しい人生の扉《とびら》を開く鍵《かぎ》になったのです。

「絶対に孤独に死なせてはいけない——」

加藤さんは、この決意とともに、本格的に福祉の実践を始めるために上京を決意します。

蘇《よみがえ》る後悔――また独《ひと》りで死なせてしまうのか

加藤さんに大きな影響《えいきょう》を与《あた》えたもう1つの出来事があります。

それは、母親に関わることでした。

2011年、加藤さんが37歳、母親が64歳のとき、母親に膵臓《すいぞう》がんが見つかり、わずか2カ月で他界してしまったのです。あまりに突然《とつぜん》のことでした。

母親が入院していた病院がちょうど勤務先の隣《となり》にあり、加藤さんは毎日、朝と帰りにお見舞《みま》いに行きました。

病院に行って、拙著《せっちょ》『新・祈《いの》りのみち』（三宝出版）の中から、いくつかの祈りを選んで、母親に読んであげることを続けたのです。

突然、母親が入院し、残された時間はあとわずか――。

「何もお返しができないまま、母も逝《い》ってしまうのか」

そんな気持ちが募《つの》って、いたたまれなくなってしまう加藤さんでした。

父を死なせてしまったときの後悔は、加藤さんの胸の奥深くで長い間、くすぶり続けていました。にもかかわらず、母親が病に倒《たお》れ、人生の時間が限られていると知った途《と》端《たん》、同じ迷いや葛藤《かっとう》が押《お》し寄せてきたのです。

「何もしてあげられないまま、また大切な人を独りで死なせてしまうのだろうか」

父親のときに一歩が踏《ふ》み出せなかった自分。

忙しさや戸惑《とまど》いを理由に、父親の苦しみと向き合わなかった自分。

そんな自分の姿が、再び蘇ってきたのです。

感謝を語る母親

そのような気持ちを抱《かか》えながら、加藤さんは最後の機会という気持ちで、車いすの母親を伴《ともな》って、私の講演会に参加しました。

母親が亡くなる1週間ほど前のことでした。

母親は、涙を流して「先生にお手紙を書きたい」と言いました。すでに字を書ける状態ではなかったため、加藤さんがその気持ちを聞いて、代筆《だいひつ》して手紙を認《したた》めました。

——今まで、自分1人で生きているって思っていました。でも、病気になって、床《ゆか》に落ちたゴミ1つ拾《ひろ》えない自分になり、お掃除《そうじ》の人や看護師のお世話になるようになりました。地域の人やGLAの方たちが、毎日のようにお見舞《みま》いに来てくれて、こんなに支えられている自分だったということがよくわかりました。夫のことも、消しゴムで消したいような気持ちでしたが、でも、本当にかけがえのない人でした。今は、何もかも、感謝でいっぱいです。――

かつては、弱音《よわね》を吐《は》かず、家族のために働くばかりだった母親が、今は、1人で歩くことさえできず、車いすに座《すわ》り、涙を流しながら「感謝でいっぱい」と語る。その姿を間近《まぢか》で見つめるたびに、加藤さんは胸の奥から熱いものが込《こ》み上げてくるのを感じました。

病室で母親が涙を浮かべるのは、ただ悲しいからではない。

そのことを、加藤さんは肌《はだ》で感じていました。

長い人生の中で、誰《だれ》かを想い、誰かに支えられながら生きていた自分に気づいたとき、床に落ちたゴミ1つ拾えない自分を受け入れたとき――。

そこにあふれる涙は、感謝の想いとともにあふれ出す泉のように、透明《とうめい》な輝《かがや》きを湛《たた》えていたのです。

「母は、こんなにも優しい言葉を口にし、繊細《せんさい》な涙を流せる人だったんだ……」

母親の姿を目《ま》の当《あ》たりにして、加藤さんの心は、驚きと尊敬、そして大きな愛《いと》しさで満たされてゆきます。

共に人生の最期《さいご》を過ごす——私がすべきこと

加藤さんは、母親が最期を迎《むか》えるその瞬間《しゅんかん》まで、手を取り、言葉を交《か》わし、心を通《かよ》わせることができました。

父親との間でつくり出した後悔を生き直すことができたのです。

それとともに、母親が教えてくれた「人生の最期を共に過ごすこと」の尊さが、加藤さんの心に深く刻まれました。

「共に人生の最期を過ごす人」。その役割がどれほど大きく、どれほど大切であるかに気づいたとき、加藤さんの中で何かが目覚めました。

「そうだ、自分にできるのはこれだ」。そう確信したのです。

人生の黄昏《たそがれ》を迎《むか》える中で、多くの人の心に絶望の闇《やみ》が垂《た》れ込《こ》めるかもしれない。

人生の最期が見え始めるそのとき、ただ「生きる」ことの大切さだけでなく、人生の最期を「結ぶ」ことの大切さを伝えることができる人――。

「そういう人に私はなりたい」

私は、加藤さんの中にその確信が生まれたことを、はっきりと感じ取りました。

私は長年、加藤さんと、加藤さん親子の葛藤《かっとう》を見守ってきました。それだけに、ここまで歩んできた加藤さんの魂の旅路《たびじ》を思うと、自然と手を合わせずにはいられませんでした。

「人生の最期の旅立ち。それは新たな世界への旅立ちです。長年寄り添《そ》った肉体から離《はな》れて、魂の故郷へと還《かえ》るときなのです」

私は、この言葉を心からお伝えさせていただいたのです。

感情の封印《ふういん》が解かれた！――整った実践の準備

幼少期に「感情」を封《ふう》じ込《こ》めた心には、長い間、静かな沈黙《ちんもく》が流れていました。

その加藤さんにとって、「感情」の回復は、まるでひび割れた土壌《どじょう》に新たな命が芽生《めば》えてゆくようなものだったと言えるでしょう。

父親と母親の死に向き合う中で、次第《しだい》に感情の封印が解け始めました。

父親が突然《とつぜん》、自ら命を絶ってしまったとき、加藤さんの心には、「なぜ自分はもっと早く気づけなかったのか」「なぜ父を独《ひと》りきりにしてしまったのか」という深い後悔が刻まれました。

しかし、その痛ましい後悔が、閉ざされていた心に亀裂《きれつ》を入れ、凍結《とうけつ》されていた感情をゆっくりと呼び起こしてゆくことになります。

後悔は苦しさを伴《ともな》うものでありながら、その苦しさこそが、「本当は泣きたいほど悲しかった」「本当は父とつながりたかった」ことを自覚させてくれたのです。

そのような、ありのままの想いに気づいたとき、加藤さんの中で「感情」が再び活動を始めたのです。

母親が余命宣告を受けたとき、加藤さんは、自分自身と深く向き合うようになりました。心の中で「今度こそ、母に寄り添《そ》おう。父のときのような後悔はしたくない」と強く誓《ちか》ったのです。

母親と日々を共に過ごし、手を握《にぎ》りしめて寄り添ううちに、加藤さんの心境は少しずつ変化してゆきました。

自分の心を開くことで、母との最後の時間が、単なる「別れ」ではなく、深い「理解」

と「共感」が交わる瞬間《しゅんかん》に変わってゆくことを実感しました。

「今、感謝でいっぱいだ」と涙ながらに語る母親の姿が、加藤さんの胸に深く染《し》み込《こ》み、「感情は怖《こわ》くない。それが本当のつながりを感じさせてくれる」ということを、言葉を超えて気づかせてくれたのです。

このとき、加藤さんは「感情」の本当のはたらきが、深い愛情と互《たが》いに支え合う強さを生む力であることを理解しました。

母親と過ごす最後の時間が、加藤さんにとって大きな心の変革の機会となったのです。そして、その体験が、その後の加藤さんの福祉の実践に、圧倒的《あっとうてき》なエネルギーをもたらすことになるのです。

自宅にいたい女性

加藤さんは、そのような経緯《けいい》を経《へ》て、現在、多くの課題を抱《かか》える福祉の現場で実践を重ねています。最後に、その実践の1つをご紹介したいと思います。

Iさん（80代女性）は、末期の肺がんで、自宅療養中《りょうようちゅう》の方でした。1人住まいで、1日中テレビを観て過ごしていました。

食事がほとんど取れず、身体を動かすこともままならない――。

しかし、本人は、点滴《てんてき》や入院を拒《こば》み、「自宅にいたい」の一点張《ば》り。そのことに強く固執《こしつ》していました。

加藤さんが初めてIさんの自宅を訪問したとき、そこは、ゴミやモノがあふれた不衛生な生活環境でした。

Iさんは、布団《ふとん》の上の小さなスペースで毎日を過ごしている状況だったのです。

加藤さんが担当になって3カ月が過ぎた頃、Iさんの体調が悪化し、看護師から「あと数日かもしれない」と言われました。

しかし、医師や看護師が何度確認しても、Iさんは相変わらず、「入院も点滴もしたくない。自宅にいたい」と言って、頑《がん》としてゆずりません。

この頃の加藤さんの中にあった気持ちは、「このままならば、孤独《こどく》の中で人生を終えることになる。でも、本人が望むなら仕方《しかた》がない」。

孤独のまま逝《い》かせないと願ったはずの介護も、頑《かたく》なな現実の前で挫《くじ》けそうになっていました。

感情のはたらきが失われていたかつての加藤さんだったら、どうでしょう。

感情からエネルギーを受け取ることができず、思考はフリーズ。

「ここから先は医療の領域で、ケアマネジャーの私にできることはあまりない」と、思考停止に陥《おちい》っていたに違《ちが》いありません。

そもそも、前任者から引き継《つ》ぎをしたときには、すでに訪問診療、訪問看護、デイサービス、ヘルパー事業所が入っていました。加藤さんは、「自分は、最後に参入したのだから、皆さんに合わせていけばいい」と思っていたのです。

しかし、父親の死の後悔から湧《わ》き上がったあの言葉が心に響《ひび》きます。

「絶対に孤独に死なせてはいけない――」

加藤さんは、「本当にこれでよいのだろうか」と自分の心に向き合い、Iさんとの間に新たな関わりをつくってゆきました。

『新・祈《いの》りのみち』に導かれる歩み

では、その歩みは、どのようになされていったのでしょうか。

それは、拙著《せっちょ》『新・祈りのみち』によって導かれてゆく道程《みちのり》でした。

普段《ふだん》の私たちは、なかなか本当の「感情」や「思考」を経験することができません。

そのような中で、**「祈り」は、神聖な力や存在と交《まじ》わることによって、自分を超え、至《し》高《こう》の「感情」や「思考」に身を委《ゆだ》ねるためのかけ橋をもたらします。**

「祈り」という行為は、単なる言葉の繰《く》り返しではなく、心を深く見つめ、目に見えない大いなる存在とつながる大切な手段なのです。

高次の「感情」や「思考」を経験するための入口は、まず、ありのままの自分を解放し、その瞬間《しゅんかん》、自分の中に訪れている「内的感覚」を受け入れることです。自分の中にある「あるがままの気持ち」を感じ取るところから、大いなる存在につながる扉《とびら》が開くのです。

『新・祈りのみち』は、あらゆる人に、そのような祈りのときをもたらすために、様々なテーマの祈りが収《おさ》められています。日常の喧騒《けんそう》と隔絶《かくぜつ》した静寂《せいじゃく》な時間と、自分の心の中に潜《ひそ》んでいる「内的感覚」に気づくことのできる空間を提供するのです。

日々の中で祈りの時間をもつことは、心の平穏《へいおん》を保つと同時に、広大な心の旅路に無限の可能性を開く鍵《かぎ》となるでしょう。「魂の学」を実践《じっせん》する方々は、何よりも『新・祈りのみち』に親しむ習慣を大切にしています。

心はどう目覚めてゆくのか——祈りの導き

たとえば、このようなことがありました。

Iさんの病状が進み、トイレに行くのが困難になってきたときのことです。

看護師から、「早くポータブルトイレを入れてほしい」と言われました。

加藤さんは、プライドの高いIさんのことを考えると、「ポータブルトイレを受け入れるのはむずかしいだろう」と思いました。

しかし、加藤さんは、躊躇《ちゅうちょ》する気持ちがありながらも、看護師に言われるがままに、ポータブルトイレを入れたのです。

しかし、Iさんは、ポータブルトイレを使うことはありませんでした。転倒《てんとう》しながらでも、トイレに行き続けたのです。

そんなとき、加藤さんは、『新・祈りのみち』と向き合いました。

「今の自分を導いてくれる祈りは、どれだろう」

いくつかの祈りをたどるうちに、それまでほとんど読んだことがなかった「他人《ひと》に合わせたくなるとき」という祈りと向き合ってみたのです。

祈りと向き合うにあたって、事業所で一緒に「魂の学」を学んでいる先輩《せんぱい》に助言を求めました。

すると、その先輩は一言、「今のあなたの心は、ここに書かれているままじゃないの。こんなにこの祈りがぴったり合う人を、私は見たことがないよ」。

そう言われたのです。

加藤さんは最初、「えっ？　私っていつもこんな情けない人なの」と受け入れがたい気持ちになりました。

しかし、この祈りの言葉を自分自身に重ねてみると、本当に、自分の中にその通りの気持ちがあることが心に沁《し》みてくるようになったのです。

『新・祈りのみち』には、あるがままの「内的感覚」を開くために、人が心に抱《いだ》く様々な感情——この場合は、心細さや恐《おそ》れが率直に描《えが》かれています。

たとえば、

「何となく不安」

「独《ひと》りじゃ嫌《いや》」

「置いてゆかれたくない……」

「他の人はどうしているんだろう」

「みんなと一緒《いっしょ》なら安心」

『新・祈りのみち』の中のこれら1つ1つの言葉を深く受けとめてゆくと、確かに自分の中にこの気持ちがある――。それらの言葉が、加藤さんの心に迫《せま》ってきました。あるがままの自分に目が開かれると、周囲の意向に流され、自らの本当の声を抑《おさ》え込《こ》み、「言われるがまま、何の疑問ももつことなく続けてしまう」自分の姿を、徐々《じょじょ》に理解できるようになっていったのです。

そして、次の一節に、我《われ》に帰ることになります。

個性の違《ちが》う人たちと一緒に協力したり、響働《きょうどう》したりすることは、必要不可欠です。
その中では自分の意見より、皆の意見を優先すべきこともあるでしょう。
でも、それは自分の本心を殺して誰《だれ》かに合わせるということではありません。
自分の意見や考えは自分のものとして示しながら
全体のために、それを超えて、協力するということです。

加藤さんは深く得心《とくしん》し、自らの本心を正面から見つめ始めます。

Iさんが最後まで「自宅にいたい」と強く願う姿を前に、看護師や他の事業所の強い意見をただ受け入れるのではなく、ケアマネジャーとして本当に何ができるかを主体的に考え抜《ぬ》くようになったのです。

揺《ゆ》れ動き
移り変わる想いの奥に
わたくしの本当の声が響《ひび》いています。
どうぞ、その声をわたくしにそのまま聞かせてください。
その声をわたくしが確かに受けとめることができますように。
わたくしがわたくしの本心を見出《みいだ》し
その本心に従って生きることができるように……

祈りの最後に記されたこの一節は、加藤さんに大きな気づきをもたらしました。自らの不安も含《ふく》めて、ありのままを受けとめながら、「もっと深いところで私とIさんがつながる道があるはずだ」という想いを加藤さんの中に呼び起こしたのです。

それまでは、「みんなと一緒なら安心」という気持ちに流されていた加藤さんでしたが、「Iさんの最後の願いを尊重したい」という強い使命感と慈《いつく》しみを、自らの本心としてはっきり意識できるようになったのです。

加藤さんの心に訪れた気持ち――。それこそが、高次の「感情」です。

高次の「感情」がはたらき始めると、それに続いて「思考」は、もっとよい方法を考えるようになってゆきます。

「散らかっていたものを片づけたらどうだろう」

「トイレまでの導線をつくったら」

「手すりを付けることだってできる」

加藤さんは、Iさんに合わせた環境調整を徹底《てってい》して行い、部屋を片づけ、手すりを付け、トイレの導線を確保するなど、個別性を考慮《こうりょ》したケアを打ち出してゆきます。

このことを、Iさんはものすごく歓んでくれました。

その姿を見た加藤さんは、「なぜ、最初から自分はこうしてあげられなかったのだろう……」と、後悔を心に刻んだのです。

出会うべくして出会った――主客一体《しゅきゃくいったい》の介護

加藤さんにとって、Iさんは、もはや単なる介護の対象ではなくなっていました。かつての、「恐《おそ》れ」ゆえにものごとと自分を切り離《はな》していた生き方は、もう微塵《みじん》も見られません。今は、まるでIさんのことを自分のことのように受けとめ、自分と相手が1つになる感覚を抱《いだ》いて、Iさんを見守っています。

加藤さんは、改めてIさんに「何かしたいことはありますか？」と聞いてみました。すると、Iさんは静かに微笑《ほほえ》みながら、「そうね、あとは感謝を伝えたいわね」と言われたのです。

加藤さんが本心で向き合ったら、Iさんもまた、本心で返してくれたのです。2人の関係は、さらに深まりを迎《むか》えてゆきます。

Iさんは、死に対する恐怖《きょうふ》を口にすることはありませんでしたが、どこか死と向き合わないようにしているように、加藤さんには感じられました。

もっと深い出会いはできないだろうか――。そう思った加藤さんは、さらに『新・祈《いの》りのみち』と心の対話を重ねながら、道を模索《もさく》していったのです。

まず、Iさんに、人間は見えない絆《きずな》でつながっていることを知っていただきたいと思

［写真上］専門分野の方々を対象にした講義において、加藤さん（左）との対話を通じて、その実践の意味を明かしてゆく著者（右）。
［写真下］高齢の利用者の自宅を訪問し、生活の様子やお気持ちを深く受けとめてゆく加藤さん。

いました。

そして、Iさんに「祈りをさせていただけますか」とお伝えすると、Iさんは、「ぜひ、お願い」と言われました。それからは、訪問のたびに、「絆を深める祈り」を声に出して読みました。

Iさんは、祈りの言葉をうなずきながら聞いてくれるようになりました。そしてあるとき、祈りが終わると、笑顔でこう言われたのです。

「これで（絆が）つながった」

Iさんの中から次第《しだい》に不満が消えてゆき、ケアが終わったときは、必ず「ありがとう」と、ベッドの上から手を振《ふ》って見送ってくれるようになったのです。

病状が悪化する中でも、Iさんは穏《おだ》やかに過ごしてゆきます。

いよいよ最期《さいご》となったとき、加藤さんは、「臨終の祈り」を祈りました。

祈り終えたところで、不思議なことに、義理の妹さんからIさんの携帯に電話がかかってきたのです。

加藤さんは、Iさんの状況《じょうきょう》を伝え、妹さんに「呼びかけてあげてほしい」とお願いしました。妹さんは、加藤さんが耳元に近づけた携帯電話を通じて、「お姉さん、ありがとう」と何度も呼びかけてくれました。

そのような中で、Iさんは静かに息を引き取られたのです。

変容《へんよう》した心の力が奇跡《きせき》をもたらす

皆さんは、この加藤さんの歩みに触《ふ》れて、どんなことをお感じでしょうか。

加藤さんの胸の奥で、長く閉ざされていた「感情」が少しずつ芽吹《めぶ》いてゆくと、その変化に呼応《こおう》するように、Iさんの「感情」も徐々《じょじょ》に柔《やわ》らかさを取り戻《もど》してゆきました。

当初は、頑《かたく》なに自宅から出ないと主張していたIさんでしたが、加藤さんが本心から寄り添《そ》い、共に祈りをするたびに、こわばっていた表情が和《やわ》らぎ、「ありがとう」と笑顔を返す瞬間《しゅんかん》が増えてゆきました。

まるで互《たが》いの心が響《ひび》き合い、補い合うように、加藤さんの中で深まった「心の力」がIさんの生きる意欲を支え、Iさんは、「死に向かう時間」の中にあって、「生きること」を見つめる力を取り戻していったのです。

それはまさに亡き父親との約束――「絶対に孤独に死なせてはいけない」を実践する歩みでした。そして、母親から受け継《つ》いだバトン――「共に人生の最期《さいご》を過ごす人」として生きる歩みでもあったのです。

これが、加藤さんが祈りという至高《しこう》の対話に導かれ、実践した1つの介護の現場です。ここまでの介護ができるということを、加藤さんは身をもって証《あか》したということではないでしょうか。

超高齢社会を迎《むか》える日本において、介護は切実な問題です。その中にあって、Iさんのような厳《きび》しい状況にある利用者をここまで導くことができるケアマネジャーが、全国にあふれたらどうでしょう。私たちは、そこに日本の福祉の新たな未来を見据《す》えることになるのではないでしょうか。

私たちの心は、感覚・感情・思考・意志という4つのはたらきを通じて、常に世界とつながっています。

黒坂《くろさか》さんが示してくれた「できる方法を探す思考」は、萎縮《いしゅく》していた感覚や感情を蘇《よみがえ》らせ、営業所に立ち込《こ》めていた闇《やみ》を照《て》らす光となりました。

加藤さんが見せてくれた「寄り添い合う感情」は、「心の力」を回復させ、孤独《こどく》を抱《かか》えた人々を温《あたた》め、生きる活力を呼び起こしました。

あなたの中にも、同じ力があります。

迷い苦しみながらも、心が息を吹《ふ》き返すそのとき——。あなたの世界の「見え方」は変わり、「気分」が変わり、「考え」が変わり、そして「行い」が変わります。

「感覚」は新しい世界を捉《とら》え、氷のように固まった「感情」が溶《と》け出し、行《ゆ》き詰《づ》まり固着していた「思考」が動き出して、新しい一歩を踏《ふ》み出そうとする「意志」が目覚める——。

そこに、心の変容がもたらす小さな奇跡が生まれるのです。

第3章

見えない限界

——何が力を封印しているのか

誰《だれ》もが不自由であることに気づかぬまま
「いつもの自分」で生きている。
しかし、その奥には限りない力を抱《いだ》いた
「もう1人の自分」が眠っている。
見えない限界——心のリミッターを外《はず》し
仮想世界から現実世界に目覚めることによって
新たな自由な生き方を始めることができる。

なぜ、自由になろうとしないのか

まず、次ページの写真をご覧いただきたいと思います。

ここに写っているのは、鎖《くさり》につながれたサーカスの象です。

皆《みな》さんは、この写真を見て、「何か変だ」と思われないでしょうか。

大きな象がつながれているのは、細く弱々しい1本の鎖に過ぎません。

しかも、この鎖が結ばれている先は、細い木の杭《くい》。

巨大な象が本気を出せば、この鎖はひとたまりもなく、引きちぎられてしまいそうです。

にもかかわらず、この象は、なぜか鎖につながれたまま、サーカス小屋から逃《に》げ出そうとしません。

動物たちにとって、自由を奪《うば》われ、束縛《そくばく》されることは、ある意味で、「牢獄《ろうごく》」と呼ぶべき環境《かんきょう》に違《ちが》いありません。それなのに、なぜ、自由になろうとしないのでしょうか。

それは、この象は生まれたときから、サーカス小屋という牢獄の中で、ずっと鎖につながれていたからです。

生まれて間もない頃、この象には、鎖を引き裂《さ》く力はありませんでした。何度試みて

なぜ、自由になろうとしないのか

も、鎖から逃《のが》れることはできなかったでしょう。

そして、象は、1つの強固《きょうこ》な思い込《こ》みを抱《いだ》くようになります。

「この鎖からは逃れられない」

やがて大きく成長し、鎖を解き放《はな》つのに十分な力をつけても、象は自分の中にその力があることに気づかない——。そして、その牢獄の外に出ようとは思わなくなってしまったのです。

人間も閉じ込《こ》められている——封印《ふういん》された「もう1人の自分」

ここで、皆さんに考えていただきたいこと——。

それは、このような現実に陥《おちい》っているのは、この象に限ったことなのかということです。


私たちもまた、サーカスの象と同じように、自分の中にある大きな力を知らず、牢獄《ろうごく》の中に留《とど》まり続けているのかもしれません。

かつての失敗や挫折《ざせつ》の経験が、「自分にはできない」「無理だ」という思い込《こ》みをつくり、本当は抱《いだ》いている可能性に気づけなくなってしまう。

生まれ育った環境から受ける影響《えいきょう》、幼い頃から当たり前だと思ってきた自分像によって、いつしか「自分には、まだこんな可能性があるかもしれない」という未開拓《みかいたく》の可能性を信じられなくなってしまうのです。

ここでは、自由をあきらめ、自分を鎖《くさり》でつないだまま生きている状態を**「いつもの自分」**と呼ぶことにします。

「いつもの自分」と呼ぶのは、それがあまりに日常に溶《と》け込んでいて、普段まったく疑問をもたない姿そのものだからです。心が鎖につながれていることにも気づかず、「自分はこういうものだ」と決め込み、外に踏《ふ》み出そうとしなくなるのです。

一方、私たちの中には、大きな力が眠《ねむ》っています。その大きな力を抱《いだ》いた自分——**「もう1人の自分」**がいるのです。

しかし、私たちは、これまで、その「もう1人の自分」を見たこともなければ、出会ったこともありません。

ですから、「もう1人の自分」がどんな自分なのか、知るよしもないのです。

そして、その力をどのように取り出せばよいのか、誰《だれ》からも教えられることはありません。

その結果、私たちは、「もう1人の自分」を奥に秘めたままになるのです。

つまり、**私たちもまた、鎖につながれて牢獄に閉じ込められているということなのです。**

私たちの中にある「心の力」――。それを引き出すためには、内に眠る「もう1人の自分」を目覚めさせなければなりません。

見えない限界――心のリミッター

「火事場《かじば》の大力《おおぢから》」という言葉があります。

危急のとき、緊急《きんきゅう》事態のとき、私たちは、普段の自分を大きく超《こ》える力を出して、その事態に対応できるというものです。

逆に言えば、普段の私たちは、内側に眠《ねむ》る力にリミッター（制御《せいぎょ》装置）をかけているということです。

また、不意に交通事故に遭《あ》った人の多くが、その瞬間《しゅんかん》、世界がスローモーションで動いていたと報告していますが、それも同じです。

通常、私たちは、周囲のことを漠然《ばくぜん》と受けとめ、自分が注視する1点だけを見ています。

しかし、事故に遭ったとき、広範囲《こうはんい》にわたる周囲に特別な注意力が注がれ、驚くほど精緻《せいち》に受けとめているのです。人はもともとそれだけの感知力、観察力を抱《いだ》いているのに、普段は制限を受けているということです。

スポーツ選手やアーティストが「ゾーンに入る」と表現する状態も同じです。そのとき、感覚が研《と》ぎ澄《す》まされて時間が止まったように感じられ、極度の集中力によって、疲労を感じず、高度なパフォーマンスが生まれます。

これらはみな、内なるリミッターが外《はず》れて、普段は封印《ふういん》されている内なる力が解放され、「もう1人の自分」が覚醒《かくせい》した状態です。

リミッターは個人の内側に存在していますが、それは、周りの多くの人たちとの関係や、社会の常識によって形づくられるものです。

1953年、エドモンド・ヒラリーとテンジン・ノルゲイがエベレスト初登頂に成功しました。それまで技術的、身体的、精神的に「不可能」とされていた難峰《なんぽう》でしたが、2人が登頂に成功すると、「エベレストは登頂可能なのだ」という確信が人々の間に広がり、技術の進歩や挑戦者《ちょうせんしゃ》の増加と相《あい》まって、2023年までに、何と累計《るいけい》で1万人以上がエベレスト登頂を達成しています。

2人が「できる」を見せると、多くの人の「できる」がそれに続いていった——。

これは何を意味するのでしょうか。それだけの可能性を内に抱いているのに、「エベレスト登頂は不可能だ」と思い込《こ》んでいたために、その力を発揮《はっき》できなかったということです。本当は、できなかったのではなく、心のリミッターが「できない」という現実をつくり出していたのです。

私たちは、自らの可能性を封印するリミッターを外すことで、本来の力を取り戻《もど》すことができる——。そのことに気づいたとき、世界はまったく異《こと》なるものに見えてくるでしょう。


重要なことは、私たちは、様々な側面で内なるリミッター、内なる限界を抱《かか》え込んでいて、それが「心の力」を封印している原因ではないかということです。

心の歪《ゆが》みが限界をもたらしてしまう

「いつもの自分」の中に隠《かく》れている内なる限界——。

それは、前章において確かめた、心の4つのはたらき——感覚・感情・思考・意志が抱《かか》える限界です。

私たちは、日々、感覚・感情・思考・意志のはたらきを回し続けています。それ以外は何もしていないと言えるほど、意識することもなく、このプロセスを繰《く》り返しているのです。毎日をつくり、人生をつくるのも、仕事をするときも、人と関わるときも、すべてこの4つのはたらきが活動しています。

つまり、私たちが出会いや出来事に対してどのように心をはたらかせるか、それが決定的な意味をもつということです。

なぜ、そんなことを言うのかと言えば、私たちの心は、奇妙《きみょう》なこだわりや先入観、偏見《へんけん》、執着《しゅうちゃく》を抱え込《こ》んでいることが思いのほか多いからです。

皆さんの周囲の人を思い起こしてください。「なくて七癖《ななくせ》」という言葉があるように、どんな人にも、その人らしい癖があるものです。その姿を見て、「どうして、こんなことを言うのだろう」「なぜ、こんな対応をしてしまうのか」と思わずにはいられないこともよくあることです。

癖とは、言い換《か》えれば、その人の感覚・感情・思考・意志の特徴《とくちょう》です。

その特徴にバイアスがかかり、歪んでいたらどうでしょう。感覚・感情・思考・意志が正しくはたらくのは困難です。

入口となる「感覚」が快の刺激《しげき》、あるいは、苦の刺激に偏《かたよ》ってものごとを受けとめれば、それを「感情」が増幅《ぞうふく》して「まあ大丈夫《だいじょうぶ》だろう」「うまくいかないはずがない」という気分をつくり出したり、逆に、「きっとむずかしいだろう」「気をつけないと邪魔《じゃま》が入るぞ」というネガティブな気分をつくり出したりしてしまいます。すると、本来冷静なはずの「思考」も歪んでしまい、正しい「意志」による行動ができるわけがありません。

感情・思考・意志のバランスも重要です。

思考に属する論理力が優《すぐ》れていても、感情に属する共感力がなかったり、想像力や思考力があっても、意志に属する行動力や決断力がなかったりすれば、私たちは、自ら「心の力」を制限してしまい、大きな限界を抱えてしまうのです。

胡蝶《こちょう》の夢

ここで、私たちの内なる限界、心の限界を考えるにあたって、中国の思想家・荘子《そうし》が、紀元前4世紀頃に創作したとされる「胡蝶の夢」の話をしたいと思います。それは、こんな物語です。

ある夜、ふと深い眠りについたところ、自分は夢の中で蝶になっていた。翅《はね》を広げ、ふわりふわりと花の間を舞《ま》い飛ぶうちに、まるでそれが自分の本来の姿であるかのように、私は何の疑いもなく蝶としての世界を楽しんでいた。

目覚めると、再び人間の身に戻《もど》っている。

そこで私は、混乱に襲《おそ》われた。先ほどまで自分は「蝶」であると信じきっていたのに、今は「荘子」になっている。

いったいどちらが本物の自分なのだろう。果たして私は、蝶の夢を見た荘子だったのか、それとも荘子の夢を見ている蝶なのか。

この物語では、夢と現実の境界があやふやになってゆきます。

近年、バーチャルリアリティの技術は、日進月歩《にっしんげっぽ》の勢いで進化しています。コンピュータがつくり出す仮想世界は、あたかもそれが現実の世界であるかのようなリアリティをもつようになりました。

あたかも本当の世界であるかのような

荘子の「胡蝶の夢」は、「今見ているこの世界が本当に現実なのか、あるいは、どこか別の存在の見ている夢ではないのか」という問いかけを含《ふく》んでいます。

バーチャルリアリティもまた、視覚や聴覚をはじめとする感覚を装置《そうち》によって操作《そうさ》し、まるで別の世界にいるかのようなリアリティを感じさせます。つまり、「現実の世界」と「夢の世界、仮想の世界」の境界を曖昧《あいまい》にする技術でもあるのです。

このように、現代技術は、「胡蝶の夢」を現実の体験として私たちに提供するようになったのです。

本当の世界を生きていない私たち

ここで、「私たちは、現実の世界を生きていない。心がつくり出した夢の世界、仮想世界を生きている」と言ったら、あなたはどう思われるでしょうか。

「急に何の話？ どこかのＳＦかアニメのこと？」

そうおっしゃるかもしれません。

しかし、この仮想世界の話は、物語の中だけに生まれているわけではないのです。たとえば、あなたが毎日出会う人を１人、思い描《えが》いてください。

本当の世界を生きていない私たち

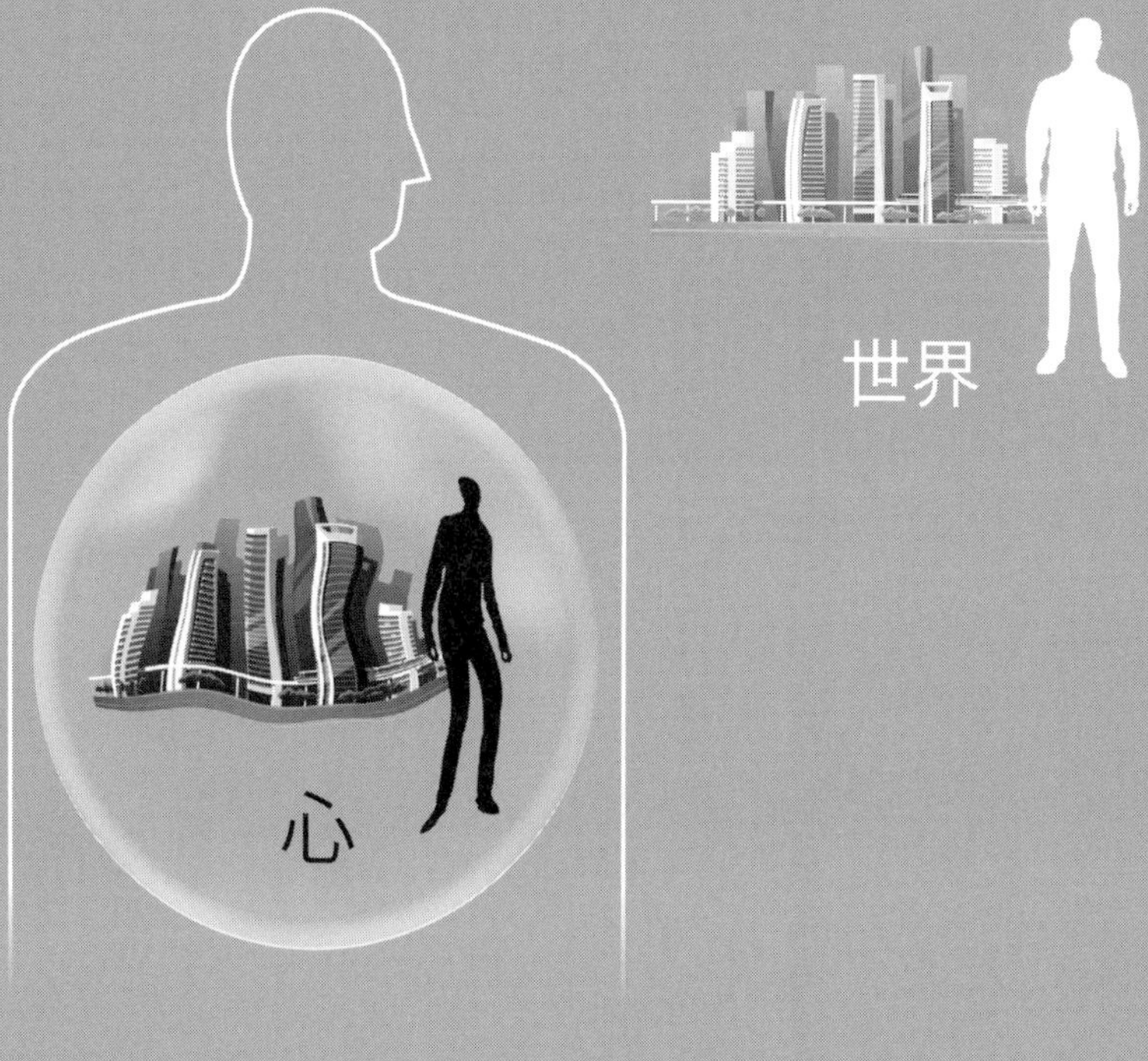

本当のその人と出会っているのか
本当の世界と交流しているのか

図6

あなたが本当にその人と出会っているかは、単純ではありません。なぜなら、「その人のここが素晴《すば》らしい」「ここが嫌《いや》」と思っても、それは、その人自身ではなく、あなたの心が勝手につくり出した、その人の分身かもしれないからです（図6）。

職場の問題を解決しようと取り組むときも同じです。

私たちは、本当にその事態そのものと出会っているのでしょうか。

「こういう問題は苦手」「やってもどうせ成果は出ない」と考えるとき、それはあなたの思い込《こ》みであり、あなたが「これはこういう問題」というように、自らつくり出した問題でしかないかもしれません。

私たちは、真実の世界と直接交流しているのではなく、心の中につくられた想像の写し絵、自らつくった世界のミニチュアと交流しているに過ぎないかもしれないのです。

バーチャルな現実が事実を遠ざける——仮想的有能感と承認格差の時代

バーチャルリアリティやインターネットなど、現実世界とは別の世界をつくり出す技術が急速に発展した現代。その中で育った若者たちに、仮想現実の影《かげ》が忍《しの》び寄っています。

教育学者の速水敏彦《はやみずとしひこ》氏は、「仮想的有能感」ということを指摘しています。同氏の著書『他人を見下す若者たち』のオビをご覧ください（次ページ）。

この青年は、現実と向き合うことなく「こんなにすごい自分」を夢想しています。実際は何もしていなくても、「やる気になればいつでもできる」「いつかやってやる」と自分に言い聞かせることですませてしまう。そんな傾向をもつ多くの青年たちが現れ始めているというのです。

私たちの外側に広がる現実の世界には、様々な競争があり、責任を問われることも少なくありません。ものごとは自分の思い通りにはならず、何かあればすぐに厳しいフィードバックが返ってきます。

しかし、過度な競争を避《さ》ける現代の教育の中で、自らの内に閉じた世界をつくりあげれば、問題は起こらず、摩擦《まさつ》も生じないでしょう。現実に問題が生じたら、それは、自分以外の誰《だれ》かが悪い。その世界では、自分は優秀《ゆうしゅう》な人間で、認められるにふさわしい人間でいられるのです。

でも、それは自分に嘘《うそ》をついているようなものです。夢想の中では意味があるように思えても、現実世界では何の力ももち得ません。

（速水敏彦著『他人を見下す若者たち』講談社現代新書）

幻想はすぐに醒《さ》めてしまいます。それでも、また次の幻想をつくり出し、自分をごまかし続けることになるのです。

一方で、スマートフォンが広く浸透《しんとう》し、SNS《エスエヌエス》を使う日常生活が当たり前になっている人たちの中には、自分が他人からどう受けとめられるのか、どれだけの「いいね」をもらえるのかに大きな関心を払《はら》っている人が少なくありません。そのことで日々、一喜《いっき》一憂《いちゆう》を繰《く》り返しているのです。

それどころか、圧倒的《あっとうてき》なフォロワーをもつインフルエンサーは、多くの人の憧《あこが》れの対象となり、今や収入による格差を飛び越えて、「いいね」による承認格差の時代になりつつあると言われているのです。

「いいね」が自分を承認し、証明してくれる。

しかし、どうでしょう。「いいね」も、仮想現実の中の思い込《こ》みかもしれないのです。私たちは、何が現実で、何が虚構《きょこう》の世界なのか、その区別がつかない時代に足を踏《ふ》み入れているということではないでしょうか。

そして、本当の世界を生きていないのは、この2つのバーチャルな傾向をもつ人たちだけではありません。

この世界に生まれれば、誰もが仮想世界のとりこになってしまう危険にさらされることになります。

心の中にある常識や価値観、思い込みや先入観、こだわりによって、自らがつくった「嘘の世界」を「本当の世界」と思い込んだまま、ずっと生きてきたのかもしれないということです。

誰《だれ》もがそうなるのはなぜなのか――人生のしくみがつくる限界

私たちの心がこのような仮想世界の中をさまようとき、「心」は、決してその本来の力を取り戻《もど》すことはできません。

「いつもの自分」が、いつもの感覚・感情・思考・意志を呼び出し、堂々巡《めぐ》りを繰《く》り返します。

次ページのイラストのように、自分では前に進んでいるつもりでも、あるいは、上に昇《のぼ》っているつもりでも、前にも上にも動いていない。いつもと同じ場所に戻ってきて、気づかなければ限りなく堂々巡り、「いつもの自分」の生き方を繰り返してしまう――。

まるで、心の牢獄《ろうごく》に閉《と》じ込《こ》められているかのようです。

自分では、前に進み、上に昇っているつもりでも
いつもと同じ場所に戻ってきて、気づかなければ
限りなく堂々巡りを繰り返してしまう心の牢獄

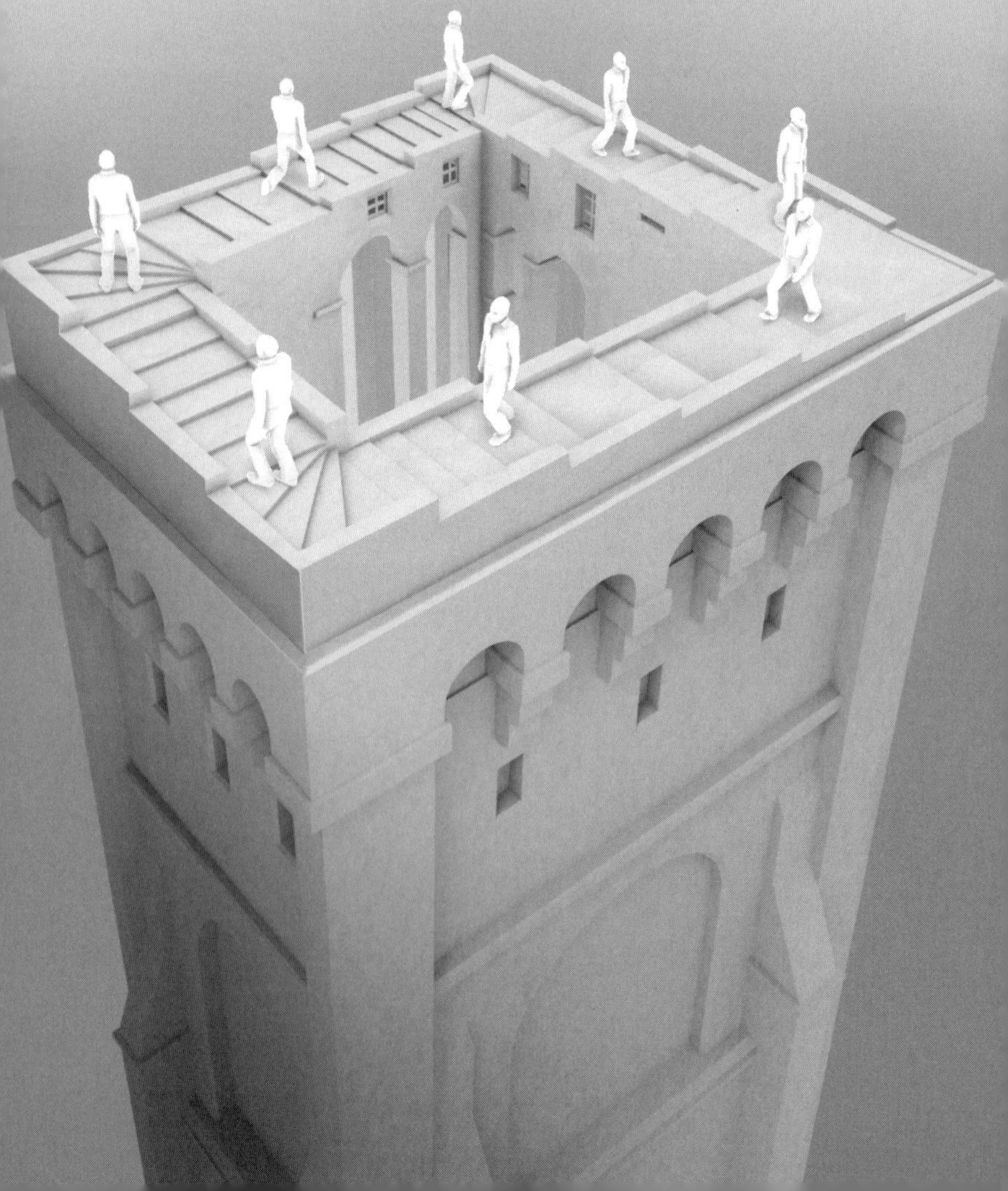

そのループから脱出《だっしゅつ》しなければ、私たちは「もう1人の自分」を呼び出すことはできないのです。

ではなぜ、誰もが知らない間に、そのような嘘《うそ》の世界を生き、心の牢獄に閉じ込められてしまうのでしょうか。

それは、私たちの人生のしくみ、人生の成り立ちが、そうなってしまうようにできているからです。

3つの「ち」という見えない心の殻《から》

人生のしくみ、人生の成り立ちとは、どのようなものなのでしょうか。

あなたの人生の始まり、「オギャー」と泣いて始まったその瞬間《しゅんかん》を想ってください。

それは、独《ひと》りでは何もできない無力な存在としての始まりです。

両親・保護者に支えられながら、やがて私たちは、周囲の環境《かんきょう》とのやり取りを通じて、様々なものを吸収してゆきます。

まず、両親や家族から、また地域や業界から、さらには同じ時代から、ものの見方や考え方、価値観や生き方を吸い込《こ》み、心に定着させてゆきます。吸収する1つ1つが心をつくるかけらです。

それを私は、**3つの「ち」（「血」「地」「知」）**と呼んでいます（次ページ参照）。3つの「ち」を吸い込むことによって、私たちは、心のはたらかせ方、人生の生き方を学んでゆきます。

最初の社会である両親や家族からは「血」が、生活の場としての地域からは「地」が、そして、共に生きる時代からは「知」が、自分自身に流れ込んでくるのです。

「血」は、親や家族から伝わる価値観や生き方のことです。子どもの頃に言われ続けた言葉や、家庭の中で「当たり前」とされていた考え方は、深く心に刻まれます。

たとえば、「世の中や人は、信じられるか、信じられないか」といった姿勢や、「お金、地位、知識のどれを重んじるか」といった基準も、多くの場合、この「血」の影響《えいきょう》を受けます。

「地」は、地域や業界から流れ込む「地」は、その土地に根づいた前提や習慣をさし、これも私たちの行動に大きく影響します。

たとえば、関東と関西の暮らし方や人づき合いの違《ちが》いを思い浮《う》かべれば、わかりやすいでしょう。国が異なれば、なおさら大きな違いが生まれます。世界各地で起こってい

3つの「ち」
「血」＝両親・家族から流れ込む価値観や生き方
「地」＝地域・業界から流れ込む前提や習慣
「知」＝時代・社会から流れ込む常識や価値観

る地域や民族の争いも、この「地」がもたらす違いと深く関わっています。

最後の**「知」**は、時代から流れ込む常識や価値観です。３つの「ち」の中でも、気づきにくいものです。

同じ国で生きてきても、世代間で大きなズレが生じ、それが家族の結びつきを揺《ゆ》るがしてしまう。それも、この「知」が関係しています。

先に取り上げたように、インターネットがあるのが当たり前の環境で育った世代は、仮想的有能感や承認格差などの問題にも大きな影響を受けやすいのです。

３つの「ち」（「血」「地」「知」）は、私たちが人として成長する過程において、大切な人生の土台を構築します。

しかし同時に、それらが強く根づき、「心の殻」となって覆《おお》い被《かぶ》さり、その手かせ足かせが、私たちの心の力に大きな制約をつくり出してしまうのです。

「心の殻」は、今お話しした両親や家族の価値観（血）、地域や業界に根づく慣習（地）、そして、時代がもたらす常識や流行（知）などが、長い時間をかけて無自覚に積み重なった結果、生まれるものです。

そして、「心の殻」の中に仮想世界をつくり出し、それがあたかも本当の現実である

かのように錯覚《さっかく》して、一生を生きてしまうのです。

「心の殻」を外して世界と交流することは叶《かな》わなくなり、新しい考えや新しい行動を阻《はば》む見えない壁《かべ》として立ちふさがるのです。

たとえば、自分がやりたいと感じていることでも、「これは時代遅《おく》れ」「世間の常識と外《はず》れている」といった理由であきらめてしまう。あるいは、やる前から「むずかしいに決まっている」と決めつけてしまう。

また、端《はた》から見れば、その人にまさに今、必要な仕事だと思うのに、「この仕事は自分に合わない」と思い込み、退《しりぞ》けてしまう。

「これはこういうもの」「こういうときはこう行動する」「これは何よりも価値がある」「人は信じられない」「いつも誰《だれ》かが助けてくれる」「黙《だま》っていたらいいようにされる」「出る杭《くい》は打たれる」……無数の言葉と行動の仕方《しかた》が見えない殻となって心に貼《は》りつくのです。

私たちはこの「心の殻」に囚《とら》われていることに気づかずに、それが当たり前であるかのように生きてしまいがちです。この殻に閉じ込もったままでは、心は本来の柔軟《じゅうなん》さや多様な可能性を発揮《はっき》できません。「心の殻」が、本来の感覚・感情・思考・意志の力を奪《うば》ってしまうのです。

3つの「ち」に「憑《つ》きもの」が潜《ひそ》んでいる

「心の殻《から》」がつくり出す手かせ、足かせは、私たちの心に絶大な制約をつくり出します。周《まわ》りから見れば、「どうしてそこまでこだわるのだろう」「なぜ、そんなに強引にやるのか」と思うほど、その人を突《つ》き動かしてしまうのです。

その結果、どう考えても選ぶべきではない選択《せんたく》をして、どう考えても選ぶべき選択を捨ててしまう――。デッドエンド（袋小路《ふくろこうじ》、行き止まり）をもたらしてしまいかねないものです。

問題は、多くの場合、本人にとっては、それが至《いた》って「普通《ふつう》」であり、そうすることは、空気のように自然なことと感じていることです。

それは、心が得体《えたい》の知れない「憑きもの」に取り憑かれているようなものです。

「憑きもの」については、第4章で詳《くわ》しく触《ふ》れますが、自分ではない「何か」が自分を支配してしまう状態をさしています。

私たちが生まれ育つ環境――親や家族の価値観（血）、地域社会や業界の常識（地）、

そして、時代の情報や流行（知）。これら3つの「ち」に象徴《しょうちょう》される世間や社会のささやきが、知らぬ間に心に忍《しの》び込《こ》み、まるで見えない霊《れい》のように人の思考や行動を支配してしまう。それこそが、ここで言う「憑きもの」です。

1度取り憑かれると、本人の中に「〇〇しなくてはならない」「こうでなければならない」といった強迫《きょうはく》観念が巣をつくり、たとえそれが自分を追い詰《つ》め、心を縛《しば》りつけるとしても、人はなかなかそこから離れようとしません。

ときには、強い執着《しゅうちゃく》や思い込みとなって人生のハンドルを握《にぎ》り、理性や自由な発想の芽を次々と摘《つ》み取ってしまうのです。

それはあたかも、暗がりでじっと息を潜める何者かが、あなたの意思を乗っ取り、未来を少しずつ食い尽《つ》くしてゆくようなもの――。

鎖《くさり》につながれた象のように、私たちの中にある可能性を封印《ふういん》してしまい、大切な人生を台なしにしかねないのです。

デッドエンドを生み出す「憑《つ》きもの」を無力化できるか

本章の冒頭に、「いつもの自分」のことをお話ししました。**重要なことは、デッドエ**

ンドを生み出す「憑きもの」が取り憑くのは、この「いつもの自分」であるということです。

傍目《はため》にはどれほど奇異《きい》に映っても、「いつもの自分」は、同じ生き方を繰《く》り返します。いつも同じような感覚・感情・思考・意志のはたらかせ方をするのです。同じような刺激に対して、同じような反応を繰り返す――。そこに、いくつもの思い込みや常識が埋《う》め込《こ》まれ、エネルギーと行動の轍《わだち》が刻まれ、そこから抜《ぬ》け出せなくなってしまうのです。

その限界を突破《とっぱ》するためには、「いつもの自分」が抱《かか》えている轍を超えることが必要です。

「これはこういうもの」
「自分に任《まか》せてもらえばうまくいく」
「もうダメに決まっている」
「何とかなるだろう」
「これは絶対こうでなければならない」
「この問題にはこう対処するもの」

「これがなければどうすることもできない」

「この人がいればもう大丈夫《だいじょうぶ》」……

このような、自分にとって当然になっている想いや考えを点検することが、どれほど大切でしょうか。自分が感じ、思い考えていることは、本当にそうなのかを確かめることが必要です。


轍を超えるとは、自分がつくってきた常識を変え、心に積み重ねてきたこだわり、思い込み、先入観を変えることです。

大学卒業後の人生漂流《ひょうりゅう》

ここまで、誰《だれ》もが人生の中で、同じ生き方を繰《く》り返し、内なる限界を抱《かか》えてしまうことを見てきました。

しかし、その轍《わだち》を超え、限界を突破《とっぱ》して新たな人生を始めることは、すべての人に許されている生き方なのです。

ここからは、その人生転換《てんかん》の道のりを、三宅顕文《みやけあきふみ》さんの実践の歩みを通して確かめてゆきたいと思います。

三宅さんは、父親が創業した、岡山県に本店がある焼肉チェーン店の経営者をされています。

かつての三宅さんは、まさに人生漂流をしているような若者でした。三宅さんは、大学卒業後、1年半ほど仕事をせず、生き方を見失っていた時期があるのです。

創業者の子息《しそく》として生まれ育った人たちの多くが直面するのは、「家業とどう向き合うか」ということです。

家業を興《おこ》したのは自分ではない。でも、息子として生まれた自分は、それを継《つ》がなければならないのか。「自分の人生なのに、自分の意志では決められない運命がある」という感覚をもたざるを得ないのです。

ここで、鎖《くさり》につながれたサーカスの象の話を思い出していただきたいと思います。

細い杭《くい》と鎖でつながれた大きな象は、本気を出せば鎖など簡単に引きちぎることができそうなのに、なぜか逃《に》げ出そうとしません。

それは、小さい頃から「この鎖は引きちぎれない」と思い込《こ》まされ、「どうせ無理だ」という固定観念が深く刻み込まれてしまったからです。

本当は自由になれるだけの力をもっているのに、そのことに象は気づけない。三宅さんも同じだったのです。

三宅さんは、いわば、2本の鎖によって、創業者の子息という運命の小屋に閉じ込められていたのです。

その2本の鎖とは、三宅さんの中にあった2つの気持ちでした。

1つは、「結局、自分が父親の会社を継がなければならない」という気持ち。このことが、三宅さんの心をいつも暗く、重く澱《よど》ませました。

普通《ふつう》なら、大学3年にもなれば、卒業後の進路について様々に夢を描《えが》いて考えることでしょう。

しかし、三宅さんは、そんな気持ちにはなれなかったのです。

大学卒業前、就職活動をしていても、「他の企業に入ったところで、どうせ辞《や》めなければならないだろう」と投げやりになっていました。

途中《とちゅう》で辞めるくらいなら、最初からやらないほうがいい。

面接を受けたことはありましたが、結局は入社を決断できないでいたのです。

しかし、三宅さんの中には、ある意味で、その気持ちとは正反対な、もう1つの気持ちがあったのです。

「声がかかれば、自分が引き受けなければならないことはわかっている」ところが父親は、三宅さんに対して「会社のことは気にしなくてよい。好きなことをやってもいいぞ」と言っていました。

三宅さんのもう1つの気持ちの核心《かくしん》は、「自分も、父親と共に、家族一緒《いっしょ》になって仕事をしたい——」。父親が「お前もうちに来いよ」と言ってくれるのを待っていたのです。

そのため、この2つの気持ちの間で、どっちつかずの宙ぶらりん状態に陥《おちい》っていたのです。それが、生まれ育ちの中でつくられた三宅さんの心の使い方でした。

考えてみれば、これはおかしな話です。片方の自分は、「自分に声をかけないでくれ」と叫《さけ》んでいる。しかし、もう片方の自分は、「何で自分に声をかけてくれないのか」と拗《す》ねているのです。

矛盾《むじゅん》する2人の自分がいるのに、それに気づくことができない。

なぜ、このようなことになってしまうのでしょう。

それが、「憑《つ》きもの」という問題です。三宅家という「血」から流れ込んだ「憑きもの」が、このような形で三宅さんの心を支配したのです。しかも、生まれてから何十年にもわたって——。

そのような中で、当時の三宅さんの「心の力」は、「感情」も「思考」もすべて封鎖《ふうさ》されていました。

第2章で触《ふ》れたように、感情はエンジンのガソリンの力を制御《せいぎょ》するアクセルとブレーキであり、思考はハンドルです。

ガソリンは底をつき、アクセルを吹《ふ》かすこともできない。ハンドル操作《そうさ》もおぼつかない。その結果の人生漂流だったのです。

承継《しょうけい》問題の呼びかけ

三宅《みやけ》さんが抱《かか》えていた問題は、今、日本中の中小企業が直面している「承継問題」と別にはなりません。

わが国の技術資産は、大企業のみならず、無数の中小企業がそれぞれの技を磨《みが》くことで保たれてきました。ところが、その中小企業の多くに後継者《こうけいしゃ》が見つからず、それが国内の技術伝承の危機をもたらしています。私も現実に多くの経営者から承継問題のご相談を受けています。

かつて、私たちの生き方は親から子に伝えられるものでした。職業も、親の仕事を継《つ》ぐことが当たり前でした。

しかし、時代が変わり、1人ひとりが自由に生き方を選べるようになると、親の意向とは別に、自分の希望を優先する人が増えてきました。今日《こんにち》ではそれが主流となり、後継者不足の問題が生じているのです。

一方で、親が大切に守ってきた家業を自分が継がずに終焉《しゅうえん》させてよいのか、そのことに真剣《しんけん》に悩《なや》むということも起こります。2代目になるかならないかの選択を迫《せま》られた人たちには、多かれ少なかれ、そうした葛藤《かっとう》があったと考えてよいのではないでしょうか。

三宅さんはまさに、自分の意志とは関係ないところで運命が定められているような重圧の中で、素直に親の気持ちを引き継ぐことができない自分に対する言い訳を考え出し、はっきりと自分の気持ちを定められない迷いを抱えていたということなのです。

三宅さんは当時、心の中に何か「よくわからない存在」を抱えているように感じていました。

「自分の意志とは関係なく家業を継がなければならない」という想いと、父親から「好きにしていい」と言われたことから、迷いが錯綜《さくそう》し、それがどこからやってきて、いつ始まったかが理解できない。

自由に動きたいのに身動きが取れない――。いくら頭で「何とかしよう」と考えても、気持ちが重たくのしかかって行動に移せない。その様子は、まさに「憑《つ》きもの」に取り憑かれたような状況でした。

2つの「仕方《しかた》がない」

三宅《みやけ》さんの心に貼《は》りついた「憑《つ》きもの」のような迷いと逡巡《しゅんじゅん》。そのどうにもならない想いを助長していたのが、三宅さんの中にあった2つの「仕方がない」でした。それが、三宅さんの「心の力」を全部封《ふう》じ込《こ》めてしまっていたのです。

〈病気だから仕方がない〉

三宅さんは、2歳のとき、ネフローゼ症候群《しょうこうぐん》という腎臓《じんぞう》の病気を発症しました。

ネフローゼとは、尿《にょう》にタンパク質がたくさん出てしまうために、低タンパク症となり、身体にむくみや浮腫《ふしゅ》が起こる病気です。症状を抑《おさ》えるために、通院や持続的な投薬が必要となります。

友だちは元気いっぱいにサッカーで走り回り、プールで泳いでいるのに、自分はいつも見学。皆と同じことができないつらさ、苦しみ――。

子ども時代に経験した不自由な生活と闘病《とうびょう》の中で、三宅さんは、「自分の苦しみなんて誰《だれ》もわかってくれない」「自分はみんなと一緒《いっしょ》じゃないんだ」と、頑《かたく》なに心を閉ざすようになってゆきました。

そして、その心に「病気だから仕方がない」という気分と考えがつくられていったのです。

〈父の会社だから仕方がない〉

そして、もう1つの「仕方がない」は、「父の会社だから仕方がない」という気持ちです。

ここまでお話ししてきたように、三宅さんは、幼い頃から、社長の息子であることに無言のプレッシャーを感じてきました。「父親のようにできないのではないか」と恐れ、父親と比べられることを嫌《いや》がっていたのです。

「社長の息子なんだからできて当然」

「できる自分じゃないと認められない」

誰から言われたわけでもないのに、苦しみました。

しかも、父親は何を言っても聞いてくれないし、すべて跳《は》ね返されてしまう。

「どうせこの人は、何を言ってもわかってくれない。認めてもらえない」と被害者意《ひがいしゃい》識でいっぱいになっていたのです。

真実に目を開く――人生の危機からの転回

焼肉店の市場は、2001年のBSE《ビーエスイー》問題（牛海綿状脳症《うしかいめんじょうのうしょう》によって引き起こされた一連の社会問題）の発生以降、逆風が続きました。2011年には、ユッケによる食中毒事件の発生。さらに同年、東日本大震災の原発《げんぱつ》事故によって、放射性物質による牛肉汚《お》染《せん》が問題になりました。次から次へと試練が続いたのです。

そのような中で、三宅《みやけ》さんの店は、もっとも苦しい時期を迎《むか》えることになります。

まるで光の射《さ》さない暗いトンネルに迷い込《こ》んだような日々でした。

そんな状況で、「父親の会社だから仕方《しかた》がない」というやりきれない想いが肥大《ひだい》し、ついに「もう出て行ってやる！」と、父親に「自分は○月○日をもって独立する」と宣言してしまったのです。

まさに「破れかぶれの独立宣言」でした。

人は、人生の中で、自分でも驚くような行動に出てしまう瞬間《しゅんかん》があります。

後から振《ふ》り返れば信じられないような暴走でも、そのときは確固たる正義に思えてしまう――。深くこびりついた「こだわり」や「信念」が、人生を壊《こわ》しかねないほどの強《きょう》烈《れつ》なエネルギーとなってしまうのです。

三宅さんは、現実には独立のための融資《ゆうし》が受けられず、この計画は頓挫《とんざ》してしまいます。今から考えれば、まさに神様からストップがかかり、破滅《はめつ》への転落を踏《ふ》みとどまることができたようなものでした。

この時期、三宅さんは、人生のもっとも深い谷に沈《しず》んでいたと言っても過言ではないでしょう。

しかし、不思議なことに、光の射さない深い闇《やみ》の谷の中で、三宅さんは、一条の光を見出《みいだ》します。堂々巡《めぐ》りのように巻き込まれていた気分や考えの流れから身を遠ざけ、目を覚ます瞬間《しゅんかん》を迎《むか》えたのです。

私たちは、迷いの中にあるときは自分の考えに何の疑問も感じなかったのに、迷いから抜《ぬ》け出すと、「どうしてあんなことを考えていたのだろう」という想いになります。

正気を取り戻《もど》した三宅さんの脳裏《のうり》には、両親の姿が、そして一緒に頑張《がんば》ってくれる従業員たちの顔が鮮明《せんめい》に思い浮《う》かびました。

どんな嵐《あらし》の日も変わることなく、「店を支えよう、盛り立てよう」と奮闘《ふんとう》してくれるかけがえのない仲間――。

「こんな大事な人たちを置いて、自分は、いったい何をしようとしていたのか」。胸の奥から強い後悔《こうかい》の念が湧《わ》き上がってきました。

それと同時に、「自分の生きる場所は、ここなんだ！」という揺《ゆ》るぎない想いが、心の中心を射貫《いぬ》いたのです。

この瞬間こそが、三宅さんにとっての大きな転機でした。

破れかぶれの独立宣言を経《へ》て、三宅さんは人生で初めて「本物の覚悟《かくご》」を手に入れたのです。

「ここからもう1度やり直そう」

運命の牢獄《ろうごく》に縛《しば》りつけていた鎖《くさり》を解き放《はな》ち、自らの足で立ち上がる出発の時を迎えることとなったのです。

心の転換――経営者への道

その三宅《みやけ》さんに、さらに大きな人生の転機が訪れたのが、２０１６年でした。

この年、症状が治《おさ》まっていたネフローゼが再発したのです。

三宅さんは、かなり体調が悪かったものの、人生の重要な節目《ふしめ》を迎《むか》えていることを感じていました。

「今、自分は人生の大きな分岐点《ぶんきてん》に立たされている」

三宅さんは、そんな自分の心の声を聞いたのです。

「セミナーに行きたい。そして、もう1度、心を立て直したい」

三宅さんが参加を願ったセミナーとは、GLAが毎年開催している世代別のセミナーです。会員の皆さんに、日常の喧噪《けんそう》を離《はな》れ、八ヶ岳山麓《さんろく》の大自然の中で「魂の学」を集中的に研鑽《けんさん》する機会を提供するものです。

日常生活で繰《く》り返していた生き方を1度ストップし、「魂の学」を土台として、自分と自分が抱《かか》える現実をじっくり見つめ、参加者同士のミーティングを重ねる中で、1人では気づけなかった大きな発見や転換が訪れることが少なくありません。

2016年の初夏、緑の風薫《かお》る八ヶ岳山麓で開かれたセミナーの場で、私は、三宅さんとお会いしました。

病気が再発し、身体も心も限界に近い状態の中で、三宅さんが「何かを変えたい」「変わらなければ」という強い想いに突《つ》き動かされ、この場所にやってきたことは、すぐにわかりました。

三宅さんは、これまでの人生を語るうちに、何度も言葉に詰《つ》まりながらも、父親の会社を継《つ》ぐことへの重圧、自分自身の未熟さ、そして仲間を守らなければならない責任感が入り混《ま》じった複雑な感情を吐露《とろ》されました。

その言葉は痛々しいほど切実で、長い間、心の底で湧《わ》き上がる声を抑《おさ》え込《こ》んできたことを物語るようでした。

そんな三宅さんの葛藤《かっとう》をじっくりと受けとめる中で、だからこそ、改めて「今、この瞬間《しゅんかん》に必要だ」と感じたことを、率直にお伝えしたのです。

「焼肉チェーン店は、『お父さんの会社』ではありません。それは単なるいきさつですよ。チェーン店は、あなたの人生の一部なんです」

「本当の経営陣になろうとするならば、社員は、自分と一緒に働く友、同志であることを忘れてはダメです」

「お父さんはお父さん、あなたはあなた。あなた自身の人生を生きるべきです」

三宅さんは、私の言葉に大きく頷《うなず》きます。

「そうです。本当にその通り……」

彼は静かに頷きながらも、ふと、これまでの自分のあり方を省《かえり》みました。

「でも、なぜ今までそう思えなかったのか……」

その疑問と向き合うことで、三宅さんの中で新たな気づきが芽《め》生《ば》え始めたのです。

前章の加藤さんがそうであったように、ここでも、『新・祈りのみち』が三宅さんの歩みを導くことになります。

三宅さんは、毎朝、その本の中にある「恥《はじ》を気にするとき（他《ひ》人《と》のまなざしを気にするとき）」という祈りを朗唱《ろうしょう》するようになりました。

その祈りの一節——

「けれども、誰《だれ》もあなたの存在を否定することはできないのです。あなたという存在の尊厳《そんげん》を冒《おか》すことはできません」

この言葉が、三宅さんの心を捉《とら》えます。

「自分は自分でいいんだ」

その境地を深く得心《とくしん》してゆくことになったのです。

まさに、自分の中にしこりのように固まっていたこだわりを溶《と》かす体験が起こったのです。そして、この体験を通じて、「心の力」を取り戻《もど》し、感覚・感情・思考・意志がみずみずしくはたらくようになっていったのです。

三宅さんの心を支配していた憑《つ》きもの——。

憑きものは「いつもの自分」に取り憑くとお話ししましたが、このとき三宅さんは、「いつもの自分」とは違《ちが》う「もう1人の自分」の気持ちの片鱗《へんりん》を感じていたのです。

自分は何を見ていたのか

この出会いがあって、しばらくした頃のこと——。

福山にある店舗《てんぽ》が、改装によって業績が上向き、昨年対比で120％を超える忙しさになっていました

そのため、店長が休みもなく働いて、風邪《かぜ》をこじらせ、肺炎になって入院することになってしまったのです。新たな呼びかけでした。

三宅《みやけ》さんは、いても立ってもいられず、病院へ駆《か》けつけ、店長を見舞《みま》います。そして、開口一番、耳元で一語一語に想いを込《こ》めて問いかけました。

「今、僕《ぼく》に、できることは、何ですか」

すると、店長の口から漏《も》れたのは、たった一言、しかしあまりにも切実な叫《さけ》び――。

「休みがほしいです……」

その瞬間《しゅんかん》、三宅さんは、まるで頭をガツンと殴《なぐ》られたような衝撃《しょうげき》を受けました。全身がこわばり、汗《あせ》が吹《ふ》き出し、鼓動《こどう》が一気に高鳴りました。まるで自分の鈍感《どんかん》さと無関心を、一気に突《つ》きつけられたような感覚でした。

社員の方の言葉を聞いて、このような気持ちになったのは、初めての経験でした。ここで大切なことは、もし、三宅さんの心が憑《つ》きものに支配されたままならば、同じ声を聞いても、このように心に響《ひび》くことはなかったということです。

きっと「そうは言ってもねえ……」で終わってしまっていたかもしれないのです。

しかし、三宅さんの「感覚」は、新しい世界の受信の仕方《しかた》を始めていました。

「自分は、何を見ていたのか――」

感覚が目覚めることによって、感情・思考・意志が目覚め、心が全機するように動きました。

感覚は「この事態はゆるがせにできないものである」と感じ、「感情」は「これは何とかしなければならない」と押《お》し出し、「思考」は「どうすればそれが可能になるか」

を考え、「意志」は「すぐに行動しよう」と決断したのです。

三宅さんは、「たとえ売上が下がっても、定休日をつくろう」と思いました。

そのためには、会長である父親に納得してもらわなければならない。

早速、直談判《じかだんぱん》に向かいました。

新しい挑戦《ちょうせん》1――定休日の設定

しかし、想像に難《かた》くないように、当初、この提案は受け入れてもらえませんでした。

外食産業では、営業日は売上に直結します。それを減らすことは考えられないことだったのです。

創業者として、父親はずっと苦労を重ね、お店をここまで育ててきました。だからこそ、定休日をつくって効率を下げることのリスクが痛いほどわかっていたのです。

かつての三宅《みやけ》さんだったら、どうでしょう。

「どうせわかってくれない」

「いろいろ言われるのも嫌《いや》だし、やめておこう」

そう思ったに違《ちが》いありません。

しかし三宅さんは、大切な想いに立ち還《かえ》ります。

「父は父。私は私の人生」

そう腹を括《くく》り、怒《おこ》られるのを覚悟《かくご》で、三宅さんはもう1度、父親に想いをぶつけに行きました。

1度否定されたことを、もう1度談判に行くわけです。

「どんな罵声《ばせい》が飛んでくるのか」――。三宅さんは、まさに息も絶《た》え絶《だ》えという状況《じょうきょう》でした。

ところが、父親は三宅さんの顔を見た瞬間《しゅんかん》、ふっと表情を緩《ゆる》めたのです。まるでそこに刻まれた覚悟《かくご》を感じ取ったかのように――。

しばらくの沈黙《ちんもく》の後、静かな、しかしはっきりとした声で「わかった。そうしよう」と頷《うなず》きました。

実は、父親の胸にも複雑な想いが渦巻《うずま》いていたのです。

創業以来、昼夜を問わず全力で店を守り育ててきたからこそ、「売上を下げるかもしれない定休日など、考えられない」と強く思っていました。

それに加えて、「これまで何があっても絶対に休まず頑張《がんば》ってきたのに、ここで方針を変えるなんて、自分のやってきたことが否定されるようで、心が痛い」。そんな想いがどうしても頭をもたげてくるのでした。

しかし、一方で、必死になって店を変えようとしているわが子の姿は、父親にも変わることを要請《ようせい》していたのです。

創業者としての誇りと、父親としての愛情がせめぎ合う中、息子の真剣なまなざしに触《ふ》れたとき、「この子の意志を尊重しよう」と素直に思えたのでした。

「そうしよう」という言葉が口をついたとき、父親の胸には、微《かす》かな痛みと不思議《ふしぎ》な安堵《あんど》が同時に広がりました。

息子が本気で店を想い、従業員を守ろうとしていることへの「誇《ほこ》らしさ」と、自分もまた変わり、成長し続けてゆかなければならないという覚悟を定めたときの「すがすがしさ」――。

その2つが胸の奥で入り混《ま》じりながら、父と子の新たな一歩が力強く刻まれた瞬間でした。

三宅さんはその後、3年ほど時間をかけて、社員の休暇《きゅうか》をそれまでの48日から100日以上に増やすことに成功しました。

このとき、三宅さんは、心に貼《は》りついていた「憑《つ》きもの」が落ちたように、迷いや遠慮《えんりょ》に縛《しば》られなくなっていました。

以前なら、「父親にはどうせ反対される」「言っても無駄《むだ》」と、自分で勝手に結論づけて、提案をあきらめていたかもしれません。ところが、今の三宅さんは、「自分が守りたいものは何か」をはっきりと見つめ直していたのです。

結果的に、「売上を減らしかねない」決断を父親に再度ぶつける勇気をもてたのは、まさに「憑きもの」が落ちて、心が自由になった証拠《しょうこ》です。

そして、「父は父、自分は自分」という踏《ふ》ん切《ぎ》りが、行動に移るための強い原動力になりました。会長である父親もまた、息子のその「本気」を感じ取ったからこそ、三宅さんの提案を受け入れたのだと思います。

新しい挑戦《ちょうせん》2――オーダーバイキングシステム導入

こうして、三宅《みやけ》さんは、本当の意味で経営者への道を歩み始めることになります。

先ほどお話ししたように、焼肉業界はずっと逆風が吹《ふ》いていました。実際、三宅さんの会社が抱《かか》える負債《ふさい》は、拡大する一方でした。

父親は、税理士から「もうお店をたたまれたらどうですか」「こんな負債を息子さんに背負わせるのですか」と言われていたのです。

三宅さんは、起死回生《きしかいせい》の一手として、オーダーバイキングシステム（食べ放題）を岡山県で初めて導入することを考えました。

しかし、当初は、社員から猛《もう》反対の嵐《あらし》――。

原価率が40％を超えては商売にならない。オペレーションが混乱する。人員のコントロールがむずかしい。仕込《しこ》みの量が読めない。

ここでも、かつての三宅さんなら、不安や迷い、過去の経験や周囲の声に引きずられて、思い切って新しい取り組みを提案する勇気をもてなかったに違《ちが》いありません。社員の反対を恐れ、「やっぱり無理だ」とあきらめ、父親の意見に従うだけの姿勢に戻《もど》ってしまったでしょう。

しかし、三宅さんの中で大きな力をもち始めた「もう1人の自分」は、「親子3世代で楽しめる焼き肉店」というヴィジョンを運んできました。

30代から40代の女性を対象としたメニューも考案しました。

こうした取り組みの結果、業績はV字回復を遂《と》げたのです。

2004年から20年間におよぶ債務超過《さいむちょうか》が、あと1年少しで解消できる見込《こ》みです。両親の存命中に何とか解消したいと願っていた目標が、もう達成目前です。

「これで、少しは親孝行《おやこうこう》できたかもしれない――」

三宅さんには、そんな気持ちが訪れています。

全機する心のはたらき

心が「憑《つ》きもの」から解放されるとき、心の4つのはたらきである感覚・感情・思考・意志が全機してゆきます。

感覚は、現実をありのままに感じ取る力を回復します。

三宅《みやけ》さんが、店長の「休みがほしいです」という言葉を聞いたとき、初めて「何を見ていたんだろう……」と衝撃《しょうげき》を受けました。

本当に今起きていること、つまり「店長が休む時間すらないほど追い詰《つ》められている」という現実を、痛みや危機感とともにストレートに感じられるようになりました。

感情は、大切なものを「守りたい」と強く思う力をもたらします。

店長の言葉を聞いた三宅さんの胸に生まれたのは、「何とかしなければ」「自分が守らなければ」という強い気持ちでした。

そこには、「病気だから仕方《しかた》がない」「父の会社だから仕方がない」といったあきらめや責任転嫁《てんか》ではなく、社員と共に歩む経営者としての責任感が芽生《めば》えていたのです。

思考は、問題をどう解決するかを冷静に考える力をもたらします。

感覚が現実をキャッチし、感情が「何とかしよう」という気持ちをかき立てたとき、次にはたらくのが「では、具体的にどうすればいいのか」を考える思考の力です。店長を休ませるには、定休日を設《もう》ける必要がある。「どうすれば説得できるか」を真剣に考えました。

オーダーバイキングシステムを考え出したのも、この思考の力です。

そして、**意志**は、決断して一歩を踏《ふ》み出す行動力をもたらします。

感覚・感情・思考からの申し送りを引き受け、最後に計画を実行に移すかどうかを決定するのが意志の力です。

心が解放されると、自分が守るべき人やめざすべきヴィジョンのために、心を定め、実行に移す行動力が、はっきりと発揮《はっき》されるようになるのです。

仕事に込《こ》められた魂の願い

そして、三宅《みやけ》さんは、自分の仕事に対しても、かつてとはまったく違《ちが》う受けとめ方をするようになりました。「自分にとって、この仕事は人生の必然だった」と感じているのです。

そして、「この焼肉チェーン店を営むことは、自分の中にある深い願いに通じている」と感じ始めているのではないでしょうか。

「もう1人の自分」が感じている気持ち。三宅さんの魂の中に秘められた願い――。

それは、どのようなものでしょうか。

私たちは、人生の途上《とじょう》で、ふとした出来事、何気ない出会いを通して「もう1人の自分」が感じている気持ちがあふれ出てくることがあります。三宅さんにも、そのような体験があったのです。

ある日の夕方、三宅さんが店長をしていた店に、一組《ひとくみ》の親子が来店しました。

父親はスマートフォンをいじり、息子はゲームに没頭《ぼっとう》し、娘は一心不乱《いっしんふらん》に本を読んでいます。

「これ、おいしいね!」「あと何を頼《たの》もうか?」。周囲には、食事を楽しむ人たちの楽しげな声が響《ひび》き、鉄板や網《あみ》から上がる香《こう》ばしい香《かお》りが鼻をくすぐります。

それにもかかわらず、その家族のテーブルには、会話らしい会話がなく、静まり返っていました。

その光景に触《ふ》れた瞬間《しゅんかん》、三宅さんの胸に、筆舌《ひつぜつ》に尽《つ》くしがたい痛みが訪れました。

「自分の店が笑顔に満たされ、歓《よろこ》びの海となったらどんなによいだろう」

しかし、1番大切にしたいはずの家族の笑顔が、自分の店からこぼれ落ちているように感じたのです。

テーブルを取り囲む温《あたた》かな照明の光さえ、この家族には届いていない――。この家族のテーブルだけは、別世界のように静まり返り、まるで見えない壁《かべ》が立ちはだかっているかのようでした。

「せっかく一緒《いっしょ》に来ているのに、なんてもったいないことだろう」

三宅さんは、胸を締《し》めつけられる想いがしました。

温かみのある店内の照明や、テーブルを囲む笑い声が、どこか遠く感じられてしまうほど、家族の間には壁ができてしまっているように見えたのです。

そのとき、三宅さんの心からあふれてきた熱い想い――。

「携帯を触《さわ》る暇《ひま》も、ゲームに没頭《ぼっとう》する時間も、本を広げる余裕すらないくらい、『これ、おいしいね！』と言い合える家族の笑顔を、ここで咲《さ》かせたい。自分は、そんな団らんの場をつくりたいんだ！」

家族みんなが同じものを味わい、同じ空気を感じて、「ここに来てよかった」と心から思える――。三宅さんは、そういうひとときを届けるために、この店を切り盛りしているのだと強く感じたのです。

かつて人生漂流《ひょうりゅう》をしていた頃の三宅さんを知る人が、こういう三宅さんの姿を想像できるでしょうか。

それは、人生を経験している魂が、限られた時間に込めた切なる願い以外の何ものでもない。私にはそう思えるのです。

願いの承継《しょうけい》

そして、その燃え立つような三宅さんの願いは、実は先代の社長である父親、三宅勤《みやけつとむ》さんが胸に秘めてきた想いと、驚くほど深く響《ひび》き合っていたのです。

かつて勤さんも、似たような光景を目《ま》の当たりにし、「どんな人にも温かい笑顔と団らんを届けたい」と心に誓《ちか》った日がありました。

全力で駆《か》け抜《ぬ》けてきた数十年の間、その想いはひたすら燃え続け、息子の顕文さんへと受け継《つ》がれていたのです。まるで時間を超えて、2人の人生が1つの道へと重なり合った瞬間《しゅんかん》――。

父と子の願いが、今、1つ1つの未来を照らし始めようとしていました。父親の勤さんが焼肉チェーン店を始めたのは、今から52年前。その頃の勤さんに「どうしてこの店を始めたのか」と尋《たず》ねたら、きっとこう答えたでしょう。

「日本一になるため」

幼い頃、母親から言われた「何でもいいから日本一になれ」という言葉を心深くに刻んだ勤少年は、事業で成功して大富豪《だいふごう》となった叔父《おじ》さんのようなお金持ちになることに憧《あこが》れて、「日本一」をめざしました。

そして、飲食業の仕事をしたことから、焼肉チェーン店を開業。以来、がむしゃらに働いて、次々に店舗《てんぽ》を増やしていったのです。

けれども、もし、その想いだけだったら、勤さんは、ご自身の店を続けてこなかったのではないでしょうか。

[写真上] 講演の中で、三宅さん親子をステージに呼び、その実践の歩みを紐解いてゆく著者。対話の中で、父の願いと子の願いが、時空を超えて響き合い、1つになって承継されていった。
[写真下] ご自身が経営する店舗にて。三宅さんの実践は、企業としての「利益追求」から「使命追求」へと進化し、さらにその先の、経営者・社員・お客様が響き合う「響働の経営学」の探求へと向かっている。

なぜなら、ここ数十年間、焼肉業界には、あまりにも多くの試練が続いていたからです。

もし、お金持ちになるためだけだったら、あまりに割に合わない――。そう思っても当然でした。

けれども、勤さんは、この店が好きだった――。それは、成功者になることへの憧《あこが》れの奥に、ときにはそれと逆行しても、「人を歓ばせたい。励《はげ》ましたい。元気にさせたい」という、人間に対する想い――人間的な郷愁《きょうしゅう》が、あふれていたからです。

不思議なことに、勤さんも、息子の顕文さんがそうであったように、ご自身の中にあるその願いがあふれてくる出会いを体験されているのです。

それは、今から50年以上前、勤さんが今の会社を始めた頃のことでした。

まだ空がほんのりと明るい夕暮れの時間、店内に灯《とも》るオレンジ色の明かりと、立ち上る炭火《すみび》の香《こう》ばしい煙《けむり》の中を、母親と小学生くらいの2人の子どもがそそくさと通り過ぎ、空《あ》いているテーブルに座《すわ》りました。

勤さんが「いらっしゃいませ」と声をかけても、母親は疲れた表情を浮《う》かべたまま軽く会釈《えしゃく》するだけ。

子どもたちも、テーブルに置かれたメニューに目をやることなく、ただ母親の顔を見つめるだけでした。

やがて注文されたのは、1番安い肉を2人前と、大盛りのご飯が3つ。ほどなくして運ばれてきたお肉。子どもたちは目を輝《かがや》かせるでもなく、一心不乱《いっしんふらん》にトングを握《にぎ》り、網《あみ》の上にのせ始めます。

時折、鉄板から弾《はじ》ける油の音だけが、不自然なほど大きく耳に残ります。

親子は、沈黙《ちんもく》の中で、目の前のお肉を箸《はし》でつかんでは口に運びます。あとは、大盛りのご飯に焼肉のタレをかけてはかき込《こ》んでゆくのでした。

勤さんは、カウンターの隅からそんな様子を見つめながら、胸が締《し》めつけられました。

「どうしてこうなってしまうんだろう」

「せめて、一時《いっとき》でもいいから、この人たちにあったかい団らんの時間を届けたい」

そう強く願ったとき、勤さんの心の奥底で、何かがはっきりと弾けるように芽生《めば》えました。それこそが、勤さんが「焼肉チェーン店を開こう」と考える原点となったのです。

生活苦を抱《かか》える人がいる。仕事で失敗してしまった人もいる。誰《だれ》もが多かれ少なかれ、大変な想いをしながら生きている。

自分の店にやってくる人たちが、どんなに疲れていようと、どんなに厳《きび》しい状況にあろうと、わずかな時間でも笑顔になり、「やっぱりここへ来てよかったね」と思えるような場をつくりたい――。そんな切なる想いが、勤さんを突き動かし始めたのでした。

食事を通じて家族が1つになり、「おいしいね」と言い合える店をつくりたい――。その想いが、父と子の心で見事に共鳴し合っている姿を見るとき、人は誰《だれ》しも、深いところで震《ふる》えるような感動を味わうのではないでしょうか。

どんなに厳《きび》しい時代や環境《かんきょう》であっても、食卓を囲んで「おいしいね」と心から笑い合えるひとときこそ、人間の営みが生み出す最高の幸せの1つなのかもしれません。

「その幸せを、できるだけ多くの人に届けたい」――。この切なる願いがバトンとなって受け継《つ》がれ、地域の笑顔を紡《つむ》ぐ光となっているのです。

その光が紡ぎ出したもの――。それは、私たちにとっても、自分の内なる鎖《くさり》を解き放《はな》つ勇気をくれる、何よりの希望の物語なのです。

第3の経営学――人間を魂と捉《とら》える

近年、あらゆる経営者に、「企業の社会的存在意義」に対する意識の高まりが求められています。

そのような要請に応《こた》える経営学の1つに、「ドラッカーの経営学」があります。ドラッカーの経営学の根本には、企業は、単に利益を生み出し、富を増幅させるためだけに存在するわけではない。企業には、利益追求を超える、それぞれが果《は》たさなければならない使命・ミッションがあるという理念が置かれています。

この「利益追求」から「使命追求」の流れは、SDGs《エスディジーズ》やLGBT《エルジービーティー》などの動向とも相まって、多くの経営者から注目されています。

しかし、本章で紹介した三宅《みやけ》さんの実践は、この「使命追求」の考え方をさらにその一歩先に進めるものなのです。

企業が果たすべきミッションは、「社会や地域への貢献」だけにとどまらず、「経営者や社員1人ひとりの人生の探求」と密接につながっている――。三宅さんは、そのような信念のもと、自社の経営を通じて「組織としての発展」と「人間としての成長」を同時に追い求めてゆきました。

旧来《きゅうらい》の経営学、第1の経営学が「儲《もう》けのしくみ」をつくりあげるものならば、今、時代が求めている経営学は、第2の経営学――「社会貢献のしくみ」をつくり出すことが

できる経営学と言ってよいでしょう。

しかし、私たちは、さらにその先を見据《みす》えなければなりません。それは、「人間覚醒《かくせい》のしくみ」を備えた経営学です。

経営者が目覚め、経営者と社員が互《たが》いに刺激し合い、そこで生まれる価値が地域コミュニティにまで広がってゆく。企業が社会の一員としての責任と意義を全《まっと》うしながら、そこで働く人々の人生をも深めてゆく——。それこそが、第3の経営学、人間を魂の存在と捉《とら》える経営学なのです。

第4章

憑きもの落とし

――「心の力」を解放する

まるで「憑《つ》きもの」のように心に貼《は》りついた
思い込みや先入観、偏見《へんけん》、執着《しゅうちゃく》、こだわり――。
それは、1人ひとりの内なる「鬼門《きもん》」を開き
人生を暗転させ、デッドエンドまで運んでしまう。
だからこそ、「憑きもの」を落とし
「心の力」を解放することが必要なのだ。
そのとき、素晴らしい現実が生まれ、輝く未来が開かれる。

人生のしくみが呼び込《こ》んでしまう「憑《つ》きもの」

ここまでに、私たちが本来、抱《いだ》いているはずの「心の力」を封印《ふういん》してしまう原因について、見てきました。

第1の原因は、心のはたらきを阻害《そがい》する快苦の感覚の影響です。

快＝安全と受けとめ、それを引き寄せる引力をはたらかせ、苦＝危険と受けとめ、それを退《しりぞ》ける斥力《せきりょく》をはたらかせる生き方。

快苦に翻弄《ほんろう》されるなら、「心の力」は大きな限界を抱《かか》えてしまいます。

この快苦によって、感覚・感情・思考・意志の力が失われてしまうのです。

これは、第2章で見たように、魂と肉体の交差点でつくられる心が、とりわけ肉体の影響を強く受けることによって生じます。

「心の力」を封印してしまう第2の原因は、生まれ育ちの中で吸収してきた様々な思い込みや先入観、偏見《へんけん》、こだわりです。そして、私たちにとって大事な常識や価値観、習慣さえも、心が抱く可能性を制限するようにはたらくことがあるのです。

これは、第3章で見たように、私たちの心が、3つの「ち」を引き受けることを意味しています。その1つ1つが心に貼《は》りつき、見えない「心の殻《から》」となって、私たちと世界の間を遮《さえぎ》るようになります。

それは、「憑きもの」のように私たちを支配し、「どうしてそんなことになってしまうのか」と嘆《なげ》かざるを得ないような、とんでもない事態へと私たちを追い立ててしまうのです。

まさに、生まれ育ちの中で、自分が自分になるために吸収してきたものがそのまま、大きな限界をつくっているということです。

「憑きもの」による限界を私たちにもたらしているのは、人生のしくみそのものです。人として生まれたなら、誰《だれ》もがその不自由さと限界を抱え込まなければなりません。

「憑《つ》きもの」は迷信か？

「憑きもの」と聞いて、あなたはどんなことを思い浮《う》かべるでしょう。

「憑きもの」とは、元来、人や物に付着したり、関係をもったりして、多大な影響《えいきょう》をもたらす霊的《れいてき》な存在や超自然的な存在をさします。

「憑く」とは、人間を超《こ》える何かが私たちの人生に関与《かんよ》することを意味します。

それは、「今日はついている」と言うように、幸運をもたらす意味でも使われます。

その場合の「憑きもの」は、プラスの意味合いをもちますが、多くの場合は、負《ふ》の影響をもたらすものとして捉《とら》えられます。

わが国では、「憑きもの」と言えば、狐憑《きつね》き、蛇《へび》憑き、犬神《いぬがみ》憑きなどをさすでしょう。狐に取り憑かれると、異常な行動や病状を示すと言われ、蛇の霊に取り憑かれると、病気や不運を呼び、犬の霊に取り憑かれると、家族に災《わざわ》いをもたらすと言われています。

何かに憑かれたことによって、自分の人生や家族の現実が狂《くる》わされてしまう――。それが伝統的な「憑きもの」のイメージと言えるでしょう。

もちろん、多くの人々はこう思われるはずです。

科学が発達した今日《こんにち》では、「憑きもの」は迷信であり、過去の遺物《いぶつ》でしかない――。

しかし、考えてみてください。小説やマンガ、アニメの世界では、今も様々な「憑きもの」の物語が生まれていて、多くの人々がそれを自然に受け入れているのです。この事実は、私たちが「憑きもの」という目に見えない存在を理解する「自然な直感」を宿《やど》している――。そうは言えないでしょうか。

「憑きもの」の問題は、それほど単純ではないのです。

現在も、世界には祈祷師《きとうし》による「悪魔祓《あくまばら》い」が行われている地域があります。

人が突然《とつぜん》ふさぎ込《こ》み、周囲と関わることなく閉じこもってしまうとき、「悪霊が取り憑いている」として、祈祷師が呼ばれ、悪魔祓いによる霊的な「憑きもの落とし」の儀《ぎ》礼《れい》が行われます。

それは、悪霊を追い出すだけではなく、その人の肉体的、精神的な健康の回復と、社会的な関係の調和を取り戻《もど》すプロセスとして機能しているのです。

わが国の一部の民間信仰《しんこう》においても、憑きものの現象《げんしょう》が現れることがあります。精神的な病においても、類似した症状《しょうじょう》が現れることもあります。

憑きものの問題は、文化的な背景の影響が大きく関わっていると考えられるのです。

「憑《つ》きもの」が開いてしまう「鬼門《きもん》」がある

今日《こんにち》、霊《れい》としての「憑きもの」という考え方を、そのまま受け入れている人は少ないでしょう。ほとんどの人は、自分とは無縁《むえん》のものと感じているように思います。

けれども、現代に至《いた》るまで、「憑きもの」は、私たちの中で完全に排除《はいじょ》されることなく、その痕跡《こんせき》を残し続けているのです。

なぜなのか――。それは、先に挙《あ》げた文化的背景がその理由の1つですが、それだけではなく、現実的にもそう受けとめるしかないような尋常《じんじょう》ならざる現実が繰《く》り返されているからです。

あり得ないような強固なこだわりをもった人――。そんな人が周《まわ》りにいれば、憑きものは身近な問題になっていると言ってよいでしょう。その人が何かに取り憑かれているとしか思えないからです。

たとえば、家中を埋《う》め尽《つ》くすほど大量のゴミをためこみ、周囲の注意をまったく聞き入れない「ゴミ屋敷《やしき》」のケースはどうでしょう。その姿は、常識的には理解しがたく、「何かに取り憑かれている」としか思えないはずです。

また、些細《ささい》なことで激しい暴言を吐《は》き続ける隣人。周囲への配慮《はいりょ》を欠き、理性を失ったような振《ふ》る舞《ま》いは、「憑きもの」を思わせるものでしょう。

それだけではありません。「自分の成功の邪魔《じゃま》をされた」と、一生、誰《だれ》かを恨《うら》み続けてしまう人がいます。

希望する道が断《た》たれ、世間を呪《のろ》い、孤独《こどく》の人生を生き続けてしまう人がいます。

自分を過信して周囲の人を蔑《さげす》み、行く先々で人間関係を壊《こわ》してしまう人がいます。

逆に、自分が信じられず、あらゆることに引っ込《こ》み思案《じあん》となり、一歩も踏《ふ》み出せない

「憑きもの」に支配された心は、選択してはいけない人生の道に私たちを押し出してしまう

人がいます。

「どうしていつもああいう態度を取るのだろう」

「なぜ、あんなことをしてしまうのだろう」

周囲から見れば、謎《なぞ》です。

そうなってしまうのは、その人自身ではない「何か」がその人を支配しているとしか思えないのです。

本書では、心に貼《は》りついて、人を不自由にしてしまう固定観念、思い込み、偏見《へんけん》、先入観、執着《しゅうちゃく》、執念、妄想《もうそう》などを総称《そうしょう》して「憑きもの」と呼びます。

「憑きもの」は、順調に見えた人生を暗転させ、悪い状況《じょうきょう》をさらにデッドエンドまで運んでしまいかねないものなのです。

もし、私たちが「憑きもの」に支配された心に人生を預けてしまうならば、どうでしょう。

大切な人生を壊してしまいかねない危険を常に抱《かか》えつつ、人生を生きてゆくことになります。

なぜなら、**「憑きもの」に支配された心は、選択してはいけない人生の道、足を踏み**

入れてはならない場所に私たちを押し出してしまう人生の「鬼門」を、何かをきっかけにして、開いてしまうからです。

「鬼門」とは、鬼の出入りする方角であり、古来、不吉な忌《い》むべき方角とされています。

通常、鬼門は、私たちの外の世界に存在しているものです。

しかし、本書で言う「鬼門」は、少し異なります。**「鬼門」は、私たちの外側ではなく内側に存在しています。外側の事象《じしょう》がきっかけであっても、それは常に私たちが内側に抱える弱点と結びついているのです。**

その門を開いたら最後、私たちは、尋常ではない行動に駆《か》り立てられ、取り返しのつかない失敗や過《あやま》ちを犯して、人生を壊してしまうのです。

人間は「鬼門《きもん》」を開き続けてきた

実際、毎年のように、「なぜ、あんなことをしたのだろう」「少し考えれば、わかるだろうに」としか思えないニュースが、マスコミを賑《にぎ》わせています。

昨年（2024年）末から今年、大きな話題となった某《ぼう》テレビ局のタレントの問題。人気タレントが同局の女性アナウンサーに対して高額の和解金を支払って示談《じだん》にしたこ

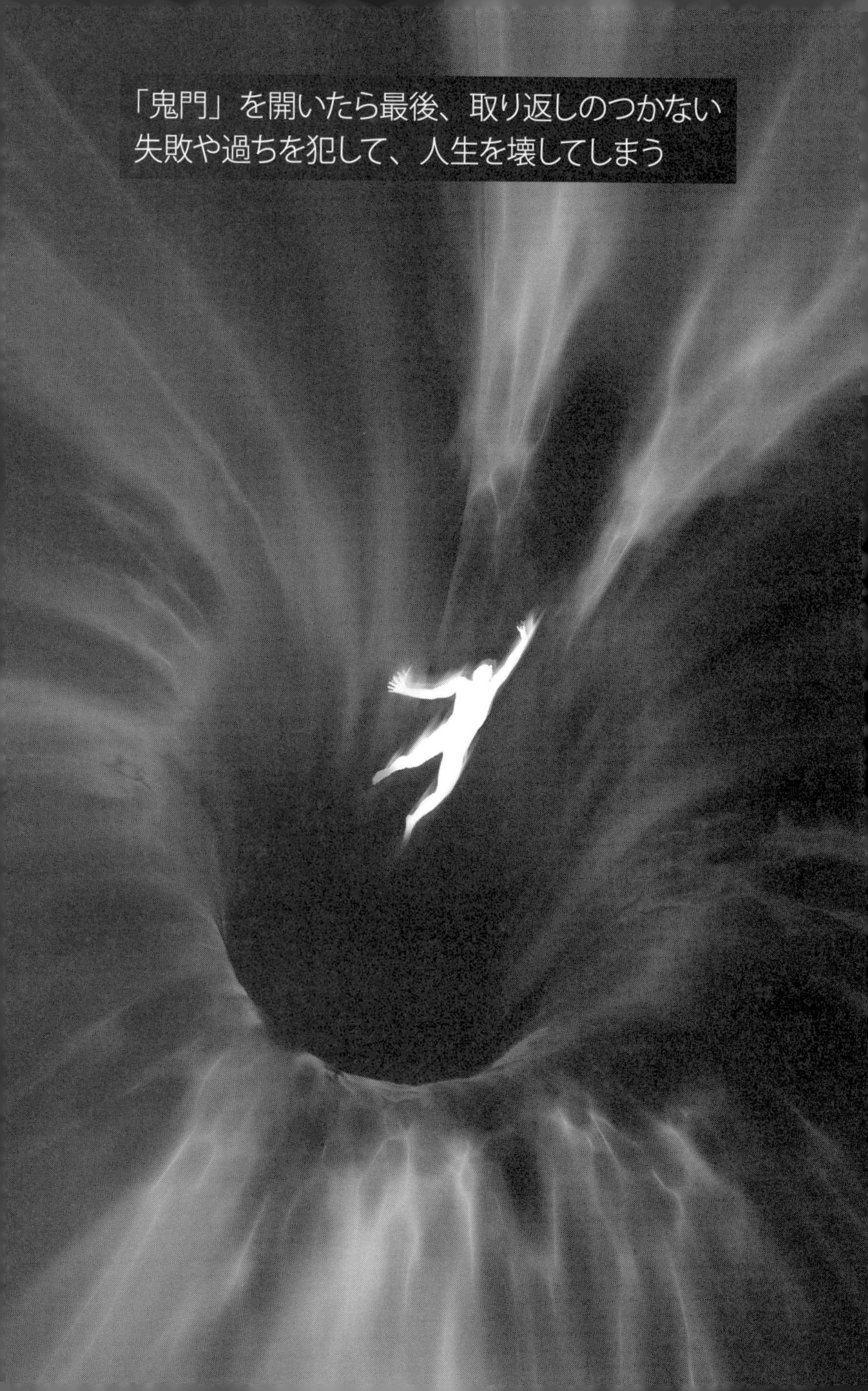

「鬼門」を開いたら最後、取り返しのつかない
失敗や過ちを犯して、人生を壊してしまう

とが発覚し、事実の詳細《しょうさい》は不明なものの、ネット上などで憶測情報が噴出《ふんしゅつ》しました。

当初、一切の関係を否定していたテレビ局が、問題を認識しながら1年以上も隠蔽《いんぺい》し、タレントの番組を放映し続けたことが明らかとなり、誠実とは言えない拙《つたな》いメディア対応も重なって、大きな批判を浴びました。広告を提供するほとんどの企業がCMの放映を中止するという事態になり、経営陣が退陣、刷新《さっしん》されるに至《いた》りました。

なぜこのような問題に発展したかと言えば、常々、良識ある人の側に立ち、正義を振りかざしてきた報道に関わる人たちが、それとは真逆の行為を行ったからです。傍目《はため》から見れば、後で批判を受けることは「火を見るより明らか」であるにもかかわらず、「なぜあんな行動を取ったのか」と、誰《だれ》もが強い違和感《いわかん》を覚えたのです。

このような事例は、枚挙《まいきょ》にいとまがありません。

21世紀冒頭に起こった米国の大手エネルギー企業エンロンの破綻《はたん》は、当時、多くの人々を驚かせました。その華々《はなばな》しい成長が脚光《きゃっこう》を浴《あ》び、称賛《しょうさん》を受けていた巨大企業が、実は、不正な粉飾《ふんしょく》決算によって株価をつり上げていたことが発覚。そんなことがいつまでも続くはずはないのに、経営者の際限なき欲と多くの投資家の欲望が「鬼門」を開いた狂想曲《きょうそうきょく》の終焉《しゅうえん》となりました。

トヨタのハイブリッドに遅《おく》れを取ったフォルクスワーゲン社が、その威信《いしん》をかけて、「クリーンディーゼル」を成功させようと、検査のときだけ有効になる不正プログラムを仕込《しこ》んでしまったディーゼルゲート・排《はい》ガス不正事件（２０１５年）も、世界を驚かせた事件でしょう。

また、すべてのマンション購入者を震撼《しんかん》させた「耐震偽装事件《たいしんぎそう》」（２００５年）は、1人の建築士による耐震強度の偽装として発覚。あり得ない図面を引き続けたうえ、それをチェックするしくみもまったく機能しなかった驚くべき事件でした。

わが国では、この偽装事件と前後して、雪印食品の牛肉偽装事件（２００２年）、不二家の期限切れ原材料使用・品質不祥事《ふしょうじ》（２００７年）、赤福の消費期限偽装（２００7年）など、食品偽装に関わる事件が立て続けに起こりました。営利主義という「憑きもの」に翻弄《ほんろう》された現実です。

誰が見ても、あり得ないと思う判断です。道義上の問題はさておき、実利的な観点から言っても、とんでもない結末に至ることは、明らかだからです。

しかし、当事者は、なぜかそういう行動に出てしまうのです。これらはすべて、その人たちの心に取り憑いた「憑きもの」が、開いてはいけない「鬼門」を開かせてしまったのです。

私たちの中に潜《ひそ》んでいる魔物《まもの》とは

「鬼門《きもん》」がもたらす現実の形は、人それぞれです。

今、挙《あ》げたような大きな事件でなくても、侮《あなど》ることはできません。

あなたにとっての「鬼門」とは、どのようなものか、そして、いったい何がその「鬼門」を開いてしまうのか、ぜひ、考えてみていただきたいのです。

たとえば、ある状況になると、「どうせ自分なんか」と卑屈《ひくつ》な気持ちが出てきて、周《まわ》りに心を閉《と》ざし、知らず知らずのうちに、そこから身を遠ざけてしまう。

また、もうひと頑張《がんば》りすれば大きな成果が得られるのに、ある程度のところで「まあこんなもの」と力を抜《ぬ》いてしまい、先に進もうとしない。

ものごとに意欲をもって取り組んでいるのに、自分を過信するあまり、周囲の声を聞くことができず、孤立してしまう。

少しでも理不尽《りふじん》なことがあると、周囲への批判《ひはん》が始まり、ときに抑《おさ》えきれなくなって場を壊《こわ》してしまう。

「なぜ、いつもこんな気持ちになるのだろう」

「なぜ、そうなるのかがわからない」

しかし、ある状況になると、決まってそうなってしまうのです。

これらはみな、自分の内側にある、あなたにとっての「鬼門」を開いてしまっているのです。

言うならば、究極の弱点を引き出すスイッチのようなものです。

冷静に振《ふ》り返れば、誰《だれ》もそんなスイッチを押《お》したいとは思っていません。しかし、なぜかそのスイッチを押してしまう。まるで自分以外の何かが、自分の心を牛耳《ぎゅうじ》っているかのようです。

その鬼門を開いてしまうものこそが、「憑《つ》きもの」であるということです。

憑《つ》きもの落とし

私たちは誰《だれ》もが、心の奥に、自分でもどうにもならない「憑きもの」を抱《かか》えています。

そして、「憑きもの」をそのままにしておけば、いつ「鬼門《きもん》」を開いてしまうかわからないリスクを抱え、本来抱《いだ》いている「心の力」を大きく制限してしまいます。

そのリスクを取り除き、「心の力」を解放するには何が必要なのでしょうか。

私たちはどうすれば、「心の力」を取り戻《もど》すことができるのでしょうか。

そのために必要なのが、**「憑きもの落とし」**なのです。

第1章の谷口さんが、かつて「負けてはならない。勝ち抜《ぬ》かなければ」という想いに突き動かされ、晴れ間のない曇天《どんてん》に覆《おお》われた心を抱え込《こ》んでいたことも、ある意味で「憑きもの」に支配されていた状況と言えるものでした。

しかし、やがて谷口さんは、GLAの青年塾の中で、それまでに感じたことのない、特別な感動の体験をします。「もう1人の自分」が現れ、すべてを呼びかけとして受けとめることができると確信し、「憑きもの」を落としたのです。

その後、企業の一員として、社運を左右する絶体絶命の試練に遭遇《そうぐう》。その中で、「東北の工場とそこで働く人々を守りたい」という願いを見出《みいだ》したとき、谷口さんの心は、宇宙と響《ひび》き合う力を取り戻し、あり得ないような現実の転換《てんかん》をもたらすことができました。それは、「憑かれたまま」の心では決して実現できなかったでしょう。

第2章の黒坂さんは、同僚《どうりょう》たちと一緒に、東北の営業所の業績低迷を「雪が降らないからどうしようもない」という理由ですませてきました。思考は、死んだようにはたら

「憑きもの落とし」を果たすとき
本当の「心の力」が現れてくる

かず、堂々《どうどう》巡《めぐ》りを繰《く》り返していたのです。

それはまるで、会社に空気のように存在していた「憑きもの」が、社員全員が口を揃《そろ》えて「雪が降らないから」と話すように差し向けていたかのようでした。

しかし、友人から、「会社の黒坂さんと青年塾の黒坂さんは違《ちが》う」と指摘《してき》され、ハッとします。そのとき、「憑きもの落とし」が起こったのです。

黒坂さんが、本当に真摯《しんし》な気持ちで向き合うと、事実が違って見えてきました。業績低迷のもう1つの原因が見えてきたのです。そして、感覚・感情・思考・意志の中でも、とりわけ思考の力がはたらき始め、その取り組みは、高く評価されることになったのです。

同じく**第2章の加藤さん**の「憑きもの」は、幼少期に家庭内で父親と祖父母の激《はげ》しい言い争いを目《ま》の当《あ》たりにするところから生まれました。その憑きものによって、感情の力は衰弱《すいじゃく》し、問題と距離《きょり》を取るようになっていったのです。

加藤さんは、末期の肺がんを患《わずら》うIさんとの関わりの中で、憑きもの落としの体験を重ねてゆきます。

憑きものに憑かれた心では、「医療《いりょう》の領域だから、自分にはできることがない」と受けとめていたに違いありません。しかし、「本当にこれでよいのか」と自問し、祈りとともに対話を重ねる中で、Iさんは「これで（絆《きずな》が）つながった」と微笑《ほほえ》み、穏《おだ》やかな最期《さいご》を迎《むか》えることができたのです。この経験により、加藤さんの中で、共感と愛に基づく感情の力が目覚めてゆきました。

第3章の三宅さんの「憑きもの」は、「2代目」という3つの「ち」の中から生まれました。それが、「病気だから仕方《しかた》がない」「父の会社だから仕方がない」という無力感と被害者《ひがいしゃ》意識をつくり出したのです。

特に、2代目という自分の立場に、複雑なこだわりがありました。そのこだわりから、父親との関わり、社員との関わりが生まれ、悶々《もんもん》とした日々を過ごしていたのです。

そのような中、どうにもならない自分の気持ちをもてあまし、すべてを投げ出して「出て行ってやる」と、一切を無《む》に帰《き》してしまう「鬼門」を開きそうになった瞬間《しゅんかん》、神様からのストップがかかります。

正気に戻《もど》ってみると、懸命《けんめい》に働いてくれている従業員たちの姿、そして両親の顔が浮《う》かび、強い後悔が湧《わ》き上がってきたのです。

それが「憑きもの」を落とした瞬間でした。そのとき、本当の気持ち、本心を見出し、父親との比較を恐れながらも、自らが「チェーン店を引き受けたい」と願っていることを確信できたのです。

「憑きもの」が落ちた三宅さんは、見違えるように、経営に対するチャレンジに挑《いど》んでゆきました。

「憑《つ》きもの落とし」の手がかり——魂の願いを知る

さあ、いかがでしょうか。

ここまで登場した全員の方に、「憑きもの」のような想いや考えに束縛《そくばく》されていた不自由な現実がありました。

しかし、自らの本心を取り戻《もど》し、本当に果たしたい願いを確かにしたとき、「憑きもの」を落として「心の力」を回復し、かつてとは違《ちが》う素晴《すば》らしい現実を開くことができたのです。

この4人に共通しているのは、「憑きもの」の想いや考えに巻き込《こ》まれている「いつもの自分」を抜《ぬ》け出したとき、実は、その自分が知らなかった本心、本当の気持ち、本当の願いを見出《みいだ》したということです。

言い換《か》えれば、それは、生まれる前から存在する「もう1人の自分」――すなわち、魂としての自分に立ち戻《もど》るということでもあります。**私たちは、この「もう1人の自分」とつながるとき、あれほど強く縛《しば》られていた「憑きもの」を無力化することができるのです。**

そして、「もう1人の自分」への手がかりは、私たち自身の人生の中に隠《かく》れています。

人生を生きていると、様々な願いが生まれますが、その多くは一時的な欲望や目先の願望に過ぎないかもしれません。けれども、時が経《た》っても色あせず、ますます鮮《あざ》やかになってくる願いもあるのです。そのような深く変わらない願いは、私たちの魂と深く結びついています。

私たちのもっとも深くにある願い――魂の願いを見つける手がかりは、次の5つです。

○人生の中で強い感動を体験した
○強い後悔が湧《わ》き上がった
○どうしても捨てられない願いがある
○適当には見過ごせない強いこだわりがある
○自分の意図とは別に人生が開かれてゆく

本書で紹介した実践者の方々も、この中のいずれかを体験したことが、「憑きもの落とし」につながっています。

あなたもまた、このような体験をしたことがなかったでしょうか。

その体験から想起できる魂の願い――それを見出すことができるなら、それは、あなたの心を束縛している「憑きもの」を落とす力となってくれるはずです。

時代の「鬼門《きもん》」に向かい合う

心に貼《は》りついた「憑《つ》きもの」は、人生の「鬼門」を開いて、その人の人生の可能性を全部消してしまいます。

ここまでお話ししてきた鬼門は、1人の人生に現れる鬼門ですが、実は、もっと大きな集団――1つの価値観を同じくする集団や、同じ怒《いか》りや恨《うら》みを共有する集団、さらに国家という集団に現れる鬼門があるのです。何万、何十万、さらには何百万、何千万という人たちの意識を、一気に吸い込《こ》んでしまう鬼門です。

この数年、顕著《けんちょ》になりつつある世界の不安定な政情。ロシアのウクライナ侵攻《しんこう》、そしてイスラエルとパレスチナの問題。その戦火は、中東全体を巻き込もうとさえしています。これらはみな、その場所で鬼門が開いてしまっているのです。

これからのアメリカは、どうなるでしょう。修復不可能にさえ思える深い分断の現実がそこに横たわっています。

日本も他人事《ひとごと》ではありません。いつ鬼門が開くかわかりません。私たちは、そのような危機の時代を生きていることを自覚しなければならないでしょう。

私たちは、「鬼門」の問題を切実に考えなければならないときを迎《むか》えているのです。

止まらない怒り《いか》り——「鬼門《きもん》」が開いた人生のボトムだった

長年、大手ハウスメーカーに勤務する橋本大助《はしもとだいすけ》さんも、自分ではどうにもならないもの、まさに「憑《つ》きもの」としか言いようのない存在に、人生を支配されてきた1人です。そして、「鬼門」を開き続けた結果、望まざる人生に転落していったのです。

では、かつての橋本さんがどのような人生を歩んでいたのか、そこから話を始めることにしましょう。

橋本さんは、日本大学理工学部の建築学科を卒業後、1987年に、現在勤めている大手ハウスメーカーに就職します。

しかし、新入社員の頃から、「止めることのできない怒り」に突《つ》き動かされていたのです。橋本さんは、しばしば、お客様との間に様々な問題を抱《かか》えることになりました。最初に勤めた支店でも、お客様や工場の業者さんとの関係は、順調にいったためしがないと言えるほど、多くの問題を抱えていました。折衝《せっしょう》をしていても、途中《とちゅう》から言い争いになり、最後は喧嘩《けんか》別れになってしまうのです。

工場での打ち合わせが終わった後、業者さんが橋本さんたちを食事に招待してくれたことがありました。上司と一緒に食事に行くのですが、橋本さんは、気分を害することがあると、出された食事を一切食べず、一言もしゃべりません。やむなく、上司が間を取り持つことになります。

そのため、とにかく、周りの人たちは、橋本さんを腫《は》れ物《もの》に触《さわ》るように扱《あつか》っていたのです。

しばらくして、橋本さんは別の支店に異動したのですが、そこでも怒りは収まりませんでした。

あるとき、1人の後輩《こうはい》が、橋本さんが引いた図面に対して、「この程度の図面かよ」と、聞こえるか聞こえないくらいの小さな声でつぶやいたことがありました。

その途端《とたん》、橋本さんは切れてしまいます。猛烈《もうれつ》に怒り、「謝《あやま》れ！」と怒鳴《どな》りつけ、最後は「腹を切れ！」とまで言い放《はな》っていました。もう止まることができなくなっていたのです。

一事《いちじ》が万事《ばんじ》、自分が許せないと感じることや、思い通りにならない理不尽《りふじん》なことがあると、誰《だれ》も止めることができない怒りがあふれ、暴発的な行動に突《つ》き進んでしまう。まさにこれが、橋本さんの「鬼門」にほかなりませんでした。

「鬼門」が開くと、自分ではどうすることもできない制御《せいぎょ》不能のエネルギーに呑《の》まれてしまう。すべてを破壊《はかい》してしまうような力が猛威《もうい》を振《ふ》るっていたのです。

奇跡《きせき》の躍進《やくしん》——何が橋本さんを変えたのか

こうした状況の中で、2001年、橋本さんは会社を一時休職することになりました。

その頃の会社での橋本さんの社員評定は、散々《さんざん》でした。

橋本さんの評価は、S・A・B・C・D・Eの6段階中、最低のEだったのです。当時、E評価を下《くだ》されることは、サラリーマンとして死を意味すると言われていました。

それに伴《ともな》い、1996年から2008年までの12年間、橋本さんは、主任のまま、1

度も昇進の機会がありませんでした。もはや、サラリーマンとして再起のしようがないボトムにまで落ち込《こ》んだと言っても過言ではなかったのです。

「俺《おれ》の人生、もう終わった」

それが、当時の橋本さんの偽《いつわ》らざる気持ちだったでしょう。

しかし、その後、橋本さんは、12年のブランクを経《へ》て一転、目を見張る昇進を続けてゆくのです。

２００８年に上席の主任、２０１１年に課長、２０１６年に次長、２０２０年には設計部門の統括《とうかつ》次長。そして、２０２１年には、統括部長に就任。

東京本店建築設計部の統括部長は、年間２０００億円の受注、売上を推進する責任者です。

さらに２０２４年４月からは、東京本社設計推進部エリア担当部長として、統括部長を指導しつつ、東京ブロックと北陸ブロックを監督《かんとく》指導する立場に立つことになりました。

同時に、橋本さんは、Ｇ１・Ｇ２・Ｇ３・Ｇ４・Ｇ５・Ｇ６・Ｇ７・Ｇ８・Ｇ９という９ランクの最高の職階、Ｇ１を得ることになったのです。

橋本さんは、この歩みの中で、社員としてどん底から頂上まで上昇《じょうしょう》したと言えるでしょう。

社員5万人を擁《よう》する橋本さんの会社でも、このような人は前例がありません。それほどの「奇跡の躍進」だったということです。

いったい何が橋本さんの人生を変えたのでしょうか。

心に生まれた虚無感《きょむかん》――「鬼門《きもん》」開きの心がつくられた理由がある

まず、ボトムの時代の橋本さんの状況《じょうきょう》がなぜ生じていたのか、それを紐解《ひもと》くところから始めてゆきましょう。

「鬼門」を開いてしまう橋本さんの心は、どのようにしてつくられたのでしょうか。橋本さんの心に「憑《つ》きもの」を運んできた3つの「ち」は、どのようなものだったのでしょうか。

橋本さんには、家族との団らんの思い出がありません。他の家族と同じように、夏休みに家族旅行に行くことはあったのですが、家族と一緒に楽しいひとときを過ごした記憶がない――。どこへ行ったかは覚えていても、そこで何をしたのか、思い出がまったくなかったのです。

橋本さんが幼い頃から、両親は激《はげ》しい喧嘩《けんか》が絶えませんでした。

橋本さんの心に残っている場面があります。両親が激しい喧嘩になり、父親から呼び出され、「お前はどっちにつくんだ?」と問われました。

「お母さん」

橋本さんは、そう言おうとしても、父親があまりに怖《こわ》くて、「父《とう》さんにつく」と言わざるを得なかったのです。

では、母親とは気持ちが通じていたかと言うと、単純にそういうことでもなかったのです。

有能な営業ウーマンだった母親は、全国を回っていて、父親の横暴《おうぼう》もあってか、ほとんど家にいませんでした。実際、橋本さんは、母親と話をしたことがほとんどなかったのです。

家族の団らんの記憶がなかったように、母親との関わりも空虚《くうきょ》なものでした。母親の人生の話を聴いたこともなければ、母親がどんな気持ちで暮らしていたのかも知りませんでした。

橋本さんは、両親の下《もと》で育ちながら、そのどちらとも心を通《かよ》わすことができず、心を預けることのできる人はどこにもいなかったのです。まさに、世界の中で孤独《こどく》な存在でした。それでも、橋本さんは、もしかしたら、いつか心を通わせる日が来るかもしれない――。まるで、神様に懇願《こんがん》するような気持ちとともに、一縷《いちる》の希望を心の隅《すみ》に抱《いだ》いていたのです。

しかし、その微《かす》かな希望も断《た》たれる日が訪れます。

両親が離婚《りこん》することになったのです。

大学入学式の日。本来ならば、それは、晴れやかな日になるはずでした。

しかし、入学式から帰宅すると、テーブルの上に母親からの手紙が置かれていました。開いてみると、そこには「もうここにいることはできない」という言葉が記されていました。父親に連絡《れんらく》すると、母親と離婚したことを告げられたのです。

空想のように微《かす》かに抱いていた希望は打ち砕《くだ》かれ、殺伐《さつばつ》とした世界の中で、胸にぽっかりと空《あ》いた穴を風が通り抜《ぬ》けてゆきました。

「そうか……。神様なんて、やっぱりいないんだ……」

空《むな》しい想いがあふれてきました。

忘れもしないあの日。橋本さんは、ベランダで夕日を見ながら、それまで吸ったことものかった夕バコを初めて吸いました。

「もう、どうでもいい」

何もかも嫌《いや》になった橋本さんは、心の奥底に如何《いかん》ともしがたい投げやりな想いを抱《かか》え、底知れぬ虚無感をつくりあげていったのです。

アトピー性皮膚炎《ひふえん》の苦しみ

そのような苦しみと同時に、橋本さんが長年にわたって悩《なや》まされたのが、アトピー性皮膚炎でした。

アトピーの症状が初めて出たのは、両親の離婚《りこん》を知らされた直後。唇《くちびる》のところにぽつんと何かができました。それから皮膚炎が首に広がり、関節の裏側に広がり、数カ月後の夏には、全身に広がっていました。病院では、全身を包帯でぐるぐる巻きにされました。

それは、ちょっとした湿疹《しっしん》などではなく、生活を持続することが困難になるほど重篤《じゅうとく》な症状だったのです。布団に横になれば、シーツに血と体液が浸潤《しんじゅん》してしまうような状態でした。

強いステロイドを使っても症状はよくなりません。薬を止めると、一気に全身に広がり、顔がお岩さんのようにパンパンに腫《は》れてしまう。ひどいときは、寝返《ねがえ》りさえ打てず、徐々《じょじょ》に眠ることもできなくなっていました。

心と身体は、表裏一体《ひょうりいったい》のものです。心が身体の不調をつくり、身体の不調がますます心を不自由に頑《かたく》なにさせてしまいます。

両親の離婚によって生まれた、如何《いかん》ともしがたい投げやりな想い。

さらに、身体的不調は、橋本さんの毎日に、途切《とぎ》れることのないジリジリとした責苦《せめく》をもたらすようになりました。

橋本さんは、その内に「憑《つ》きもの」を宿《やど》すようになりました。この運命を背負ってしまったら、それは無理もないことだったのかもしれません。

いつの間にか身に宿った「憑きもの」は、強大な力をもつようになり、ときに橋本さんの正気を奪《うば》うようになっていったのです。

胸の奥で暗い光を放《はな》つ赤黒い炎《ほのお》は、わずかな言葉や表情をきっかけに、猛然《もうぜん》と燃え上がり、すべてを焼き尽《つ》くすまで、暴《あば》れ狂《くる》うようになります。

理性の声は、暴れる炎にかき消され、周囲がどれほど制止を試みようと、その衝動《しょうどう》が止まることはなくなってゆきました。

橋本さんの人生は、胸の奥深くに巣食《すく》った「何か」によって、翻弄《ほんろう》され続けてゆきます。

気がつけば、見慣れたはずの日常は砕《くだ》け散り、橋本さんの周りには、焼け野原が広がっていました。

こうして、冒頭にお話しした通り、橋本さんのサラリーマン人生は、事実上の終焉《しゅうえん》を迎《むか》えてしまったのです。

「もう1人の自分」を引き出した感動

前章で触《ふ》れたように、「いつもの自分」の深奥《しんおう》には、たとえ気づくことができなくても、「もう1人の自分」が存在しています。

それは、橋本さんにとってもそうでした。

しかし、橋本さんの「いつもの自分」とは、終わりのないアトピーの苦しみを抱《かか》え、止めることのできない怒《いか》りを際限《さいげん》なくまき散らしている自分。

当時の橋本さんには、それ以外の自分を想像することなどできず、ましてや本当の願いを抱《いだ》いた「もう1人の自分」などと言われても、何のことかさっぱりわからなかったでしょう。

こうして、橋本さんは、人生の隘路《あいろ》に迷い込《こ》んでいったのです。

しかし、橋本さんは、人生に暗闇《くらやみ》が覆《おお》う以前、「もう1人の自分」を体験する機会がありました。

それは、高校卒業後の浪人中のこと——。ふと立ち寄った書店で、私が出版した『真《しん》創世記《そうせいき》』（三部作）を手にしたのです。

タイトルも表紙も、当時の橋本さんにとっては、特段の興味を示すものではなかったでしょう。しかし、なぜか心が強く惹《ひ》かれ、自然に手が伸《の》びたのです。

ページを開いた瞬間《しゅんかん》、まるで遠い昔に、このことを聞いたことがあるような、不思議《ふしぎ》な既視感《きしかん》と確信が込《こ》み上げてきました。

「ここには、本当のことが書いてある」

その感覚は、言葉では表せないほど鮮烈《せんれつ》でした。

家に帰ると、橋本さんは夢中になって三部作すべてを読み進めます。

そこに紡《つむ》がれる言葉がまるで自分自身の内側へ語りかけてくるようで、心の奥底が震《ふる》えます。

「何でこんなに涙が出るのだろう」

それまで体験したことのない、不思議な感覚が全身を捉《とら》えて離《はな》しませんでした。

橋本さんが、学校での友人関係、そして両親との関わりの中で、いつしかつくりあげてきた世界観――。

その世界観によって、その後の人生は、アトピーの苦しみや制御《せいぎょ》不能の怒りに振《ふ》り回されてゆきました。

しかし、『真創世記』に著《あらわ》されていたのは、それまでの橋本さんが慣れ親しんできたものとはまったく異なる世界観でした。その世界が、ページをめくるたびに鮮《あざ》やかに立ち上がってくるのです。

それは、初めて見聞きするものでありながら、それこそが自分が求めてきた世界にほかならない――。

その世界に自分を置いてみたとき、そこには、それまで感じたことのない希望が確かに存在していたのです。

本を閉じたとき、橋本さんは、胸の中に「小さな光」が灯《とも》っていることに気づきました。

これまでなら、少し希望を抱いても、日々の雑踏《ざっとう》の中ですぐに消えてしまうのが常でした。けれども、その光だけはなぜか消えないのです。

「こんな世界が本当にあるなら、もしかして、俺《おれ》にも別の生き方ができるんじゃないか」

それは、理屈《りくつ》ではない直観でした。

まさに、241ページの魂の願いを見つける手がかりの1つ、「人生の中で強い感動を体験した」のでした。

母親への後悔が「もう1人の自分」を引き出した

そのような経験に恵《めぐ》まれつつも、その後の橋本さんは、些細《ささい》な言葉や出来事に激《はげ》しい怒《いか》りを燃え上がらせ、人生に惨憺《さんたん》たる状況をつくり上げてゆきます。

現れた現実だけを眺《なが》めるなら、そこは赤黒い炎《ほのお》に焼き尽《つ》くされ、人間関係にも会社の現実にも、深い暗闇《くらやみ》が立ち込《こ》めていたのです。

しかし、橋本さんの胸の奥に灯《とも》った「小さな光」は、決して消えることなく瞬《また》いていました。初めはとても弱々しい光でしたが、「もう1人の自分」が見つめる未来を照《て》らし出す道しるべとなり続けたのです。

まるで凍《こご》える土の下で小さな芽《め》がたくましく生き続けるように、その光は橋本さんの魂を懸命《けんめい》に守り、育てるようになったのです。

そして、その小さな芽を芽吹《めぶ》かせようと、人生は様々な出来事を通して、橋本さんの魂を叩《たた》き続けることになります。

離婚して家を出て行った母親は、その後、折に触《ふ》れて、「子どもたちに会いたい」と伝えてくるようになりました。

けれども、橋本さんは躊躇《ちゅうちょ》していました。「お袋《ふくろ》は、出て行ったじゃないか」という気持ちとともに、父親の後添《のちぞ》えになってくれた継母《けいぼ》が本当によい人で、その新しい母親に対する遠慮《えんりょ》もあり、なかなか会うことができませんでした。

やがて橋本さんは、父親を介《かい》して母親が末期《まっき》のがんで病床《びょうしょう》にあることを知ります。「手遅《ておく》れのがんのようだ」と告げられたのです。

父親と弟と3人で、病床の母親を見舞《みま》いました。

この頃《ころ》には、橋本さん自身が随分《ずいぶん》と落ち着き、「お袋は出て行った」というこだわりも薄《うす》れて、「もう母を許してもいいのかな」という気持ちになっていたのです。

しかし、結局、その気持ちを伝えることはできませんでした。

先にも述べたように、橋本さんの母親は、仕事が優先で家にはほとんど姿を見せず、橋本さん自身、ゆっくり話をした記憶もなければ、「お母さん」という実感も乏《とぼ》しいものでした。

母親が病床にあることを知っても、悲しい気持ちはあるものの、そこに強い感情を抱《いだ》くことはできなかったのです。

しかし、橋本さんが、自らの「憑《つ》きもの」を克服《こくふく》してゆくために、母親との気持ちの修復《しゅうふく》が果《は》たされなければならないことは明らかでした。

自分の人生に大きな影響を与《あた》えた家族、隣人、知人との関わりは、その人が他界した後も続きます。ここでは詳《くわ》しく述べることはできませんが、GLAでは、ありし日のその方のことを想って語りかけたり、現世《げんせ》の自分が最善を尽《つ》くして日々を生き、そこで気づいたことや感じたことを語りかけたりすることを通じて、今は亡《な》きその方との関わりを続けてゆくことこそ、亡きその方に対する本当の「供養」であると考えているのです。

供養は、人生の恩人《おんじん》に限らず、生き別れになってほとんど記憶がない人、長い間どうしても許《ゆる》すことができずにいる人も含めて、取り組みます。

母親が他界した後、橋本さんも、その歩みを重ねてゆかれます。

そのような中で、あるとき、こう思い立つのです。

「母親を『母』として見るだけでなく、自分と同じような弱さを抱《かか》えた1人の人間として見てみよう」と。

母親が橋本さんを産んだのは27歳のとき。その頃の母親の人生は、どのような状況だったのだろう。夫との関わりは最悪。人生に迷《まよ》いもあったはずなのに、それでも懸命《けんめい》に働き、自分を育てようとしてくれたのかもしれない——。

橋本さんは初めて、母親の「素《す》の人間像」を思い描いてみたのです。

母親を1人の人間として捉《とら》え直すことで、仕事や人生の悩みを抱えながら、右にぶつかり、左にぶつかり、体中《からだじゅう》あざだらけになりながらも、懸命に人生を前に進めようとしていた母親の姿が、はっきりと心に浮《う》かんできたのでした。

魂の願いを見つける手がかり（241ページ）の1つ、「強い後悔が湧《わ》き上がった」体験——。橋本さんの中に、強い後悔の感情が生まれてゆきます。

「もっと母と話をすべきだった」

こういう歩みの中で、橋本さんの人生に暗い影をもたらしたもう1人の重要人物、父親に対しても、気持ちの結び直しに向かうようになりました。そして、少しずつ、ゆっくりと、雪解《ゆきど》けの時を迎えていったのです。

父親は、2022年に他界されます。ちょうどコロナ渦《か》の最中で、病院は外部からの来院を受け付けていませんでした。

しかし、いよいよ最期《さいご》となったとき、橋本さんは病院に無理を言って、面会をされたのです。

母親のときには言えなかったあの一言、「ありがとう」を伝えるために――。

酸素マスクをした父親の耳元で、「本当にありがとうね」と伝えます。

すると、すでに意識はないとされていた父親の手が、それに応《こた》えたのです。橋本さんは、父親と気持ちがつながったことを、はっきりと感じました。

このような一連の歩みにおいて、橋本さんの中で張り詰《つ》めていたわだかまりが、少しずつほどけていったのです。橋本さんの「憑きもの落とし」の準備は、徐々に整ってゆきました。

「憑《つ》きもの落とし」の瞬間《しゅんかん》——「私はずっと愛されてきた」

そして、決定的な転換《てんかん》のときが訪れます。

第3章の三宅《みやけ》さんが、八ヶ岳山麓《さんろく》で開かれたセミナーに参加する中で大きな人生の転機を迎《むか》えたように、橋本さんも同じような機会に恵《めぐ》まれたのです。

橋本さんが37歳のとき、私は、橋本さんとセミナーでお会いする機会がありました。当時の橋本さんは、まさに12年間昇進なしのどん底で、落ち着いていたアトピーも再発。きっと、自分の人生には2つの大きな問題——会社の問題と健康の問題があると考えていたでしょう。

しかし、私には、その2つはバラバラではなく、ひとつながりのように思えてならなかったのです。

このとき、橋本さんにお話ししたこと——。

「今、橋本さんは、会社でも問題を抱《かか》えていますね。身体の方も少しよくなったとは言え、アトピーの症状はいまだ続いている。だから、身体がつらいのはよくわかります。でも、そうした『わかりやすく現れている問題』以前の問題を、橋本さんは抱えていると思いませんか?」

「それは、あなたの中にある、止められない怒《いか》り。敵愾心《てきがいしん》をもって他の人に接しているとき、あなたは、その人たちに対する敬意を欠いている。それは間違《まちが》っていると思います」

橋本さんの心の課題は、もちろん、止められない怒りの問題にほかなりません。しかし、その奥底には、人に対して敬意をもつことができない心、唯我独尊《ゆいがどくそん》になって、孤立《こりつ》してしまう心があったのです。

橋本さんは、長い間、世界とつながるその時を待っていたのです。

私がこの話を続けていると、橋本さんの表情がかすかに変わりました。

橋本さんは、まるで別世界に足を踏《ふ》み入れたような、不思議な感覚に包《つつ》まれていたのです。

セミナー会場のざわめきが、遠のいてゆきます。

私の声は確かに一方の耳から聞こえているのに、もう一方の耳はどこか別の次元につながり、眩《まばゆ》いばかりの光の奔流《ほんりゅう》が全身を包み込《こ》んでくるのです。

同時に、目の前にいる私と重なり合うように、巨大な存在の気配《けはい》がはっきりと感じられました。

まるで私の声に寄り添《そ》うように、男性とも女性ともつかない深遠《しんえん》な声が重なって聞こえてきます。

「私はあなたのすべてをわかっている。あなたをずっと愛している」

その言葉は、耳が聞いているのではなく、全身に降り注いでいたのです。

「自分はずっと、愛されてきたんだ……」

そう思った瞬間、これまで感じたことのない熱い想いが込《こ》み上げ、橋本さんの目から大粒の涙がとめどなくこぼれ落ちました。「世界とつながっている自分」をはっきりと感じたのです。

心にこびりついていた「自分は必要とされていない」「愛されるはずがない」といった孤独《こどく》な想いは、砕《くだ》け散《ち》るガラスのようにその心から剥《は》がれ落ちました。

橋本さんの人生を長らく支配していた「憑きもの」が、まさにその瞬間、落ちたのです。

空気が一変《いっぺん》したような静寂《せいじゃく》の中で、『真創世記《しんそうせいき》』を手にした18歳のあの日、心の奥底に宿った「小さな光」が、今、圧倒的な光量を伴《ともな》って、世界に奔《ほとばし》り出たのです。

それは、橋本さんの中に眠っていた「もう1人の自分」——魂の自分が、目を覚ました体験でした。

新しい関わり・新しい現実

以来、橋本さんは、世界との新しい関わり方をつくってゆきます。

かつては、自分の思い通りにならない場面になると、激《はげ》しく抵抗《ていこう》する気持ちが湧《わ》いていました。たちどころに怒《いか》りの炎《ほのお》が激しく燃え上がり、周りはいつも諍《いさか》いやもめごとが絶えませんでした。

しかし、橋本さんに「憑《つ》きもの落とし」が訪れ、新しい気持ちで関わり始めると、思い通りにならない場面に反応することなく、それを引き受けようとする「心の力」が生まれてきたのです。

たとえば、2021年、統括部長に昇進が決まる少し前のこと。1人の役員の方に呼び出されました。

「事業部長から、橋本君を部長に昇格させてほしいと言われている」

そのためにも、「営業のモチベーションを上げるような関わりをしてほしい」と告げられたのです。

橋本さんは、ずっと設計畑《ばたけ》を歩んできました。設計と営業は、ときに利害が対立することも少なくはありません。

設計は少しでもよい建築物を建てようと予算は上がりがちになる一方で、営業は予算を抑《おさ》えて契約《けいやく》を取りやすくしたい。

また、設計の仕事の多くは、営業からの要請《ようせい》によるもので、「明日までにやってほしい」「コストは度外視《どがいし》して」というような無理難題がしばしば降りかかっていたのです。

橋本さんは、知らない間に、「営業部門は敵」という気持ちをつくっていたのです。しかも、その頃の橋本さんは設計部の責任者で、「設計部の人たちを守らなければ」という気持ちを強く抱《いだ》いていただけに、なおさらでした。

本来は、営業の人も、共同して目的を達成するための同志のはずです。

しかし、橋本さんは、心の中に、「営業は敵」という虚像《きょぞう》をつくりあげ、実際の営業の人たちに向き合うこともなく、敵対しようとしていました。

そして、結局、そのような気持ちがつくり出す関わりが、知らず知らずのうちに営業の人たちのモチベーションを下げてしまっていたのです。

役員の方から話があったとき、橋本さんは、「これは呼びかけだ」と受けとめました。

心の中で「営業は敵」と思い込《こ》んでいた決めつけを変えるときだと気づいたのです。

橋本さんは、すぐに自分の心を立て直しました。営業部の人たちと連絡・相談を怠《おこた》ることなく、コミュニケーションを密に取り、相互《そうご》の思い込みを増幅《ぞうふく》させないようにしました。そのような1つ1つの関わりによって、営業部の人たちも、遠慮《えんりょ》なく橋本さんに相談に来てくれるようになったのです。

試練を引き受ける「心の力」——躍進《やくしん》の理由がある

橋本さんは、次第に「鬼門《きもん》」を開けることがなくなってゆきました。

もちろん、統括部長になって、試練がなくなったわけではありません。

たとえば、橋本さんが大規模《だいきぼ》な物流センターの開発を担当したときのことです。まったく予想もしていなかった突然のトラブルが発生しました。工事が始まってから、行政が、突然のように最終的に開発許可を出せないと、十分な説明もなく唐突《とうとつ》に通告してきたのです。

もしそうなれば、会社としては大損害を被《こうむ》ることになります。当然、担当者である橋本さんの責任が問われることになります。

橋本さんの会社が建築した建物の前で。著者は、橋本さんがどん底の時代からずっと支え励まし、導いてきた。あの日があったからこそ、今がある――。その歩みをしみじみと振り返り、語り合う中で、橋本さんの心にさらなる発見が起こり、未来への希望が確かになっていった。

橋本さんは、このとき、クビを覚悟《かくご》しました。

「ああ、終わったな」

こういう状況になるとき、かつての橋本さんなら、間違《まちが》いなく「鬼門」を開き、怒《いか》りをまき散らしていたでしょう。まず行政を問題にして、徹底的《てっていてき》に叩《たた》いていたに違《ちが》いありません。周りの同僚《どうりょう》や部下にも、当たりまくっていたかもしれません。

しかし、このときは、「鬼門」が開くことはありませんでした。心を建て直し、怒りよりも早く、瞬間的《しゅんかんてき》に「どうすれば、この問題を解決できるのだろう」と受けとめたからです。

「これは自分1人では解決できない」。そう感じた橋本さんは、幹部社員、会社の役員の方々に即座《そくざ》に相談し、全員が一体となって行政側と交渉《こうしょう》した結果、事《こと》なきを得るに至《いた》ったのです。それだけの「心の力」が現れたということです。

「鬼門《きもん》」ではなく「開運の門」を開く

いかがだったでしょう。

かつての橋本さんは、人生の途上《とじょう》で望まない出来事に出会うと、決まって「鬼門」を開いていました。橋本さんの心に貼《は》りついた「憑《つ》きもの」がそうさせていたのです。

それが、冒頭《ぼうとう》にお伝えした評価Eの現実です。

しかし、「憑きもの落とし」を始めた橋本さんの中で、これまでの自分ではなく、自分の深奥《しんおう》に眠《ねむ》っていた魂としての自分が目覚め、その新しい生き方が次第《しだい》に強くなってゆきました。

その結果が、職階の最高位、G1評価であったということです。

そして、かつて苦しめられてきたアトピー皮膚炎もすっかりよくなり、今は意識することさえなくなっています。

つまり、橋本さんは、魂としての自分、「もう1人の自分」が抱《いだ》く本当の気持ちを引き出すことによって、「鬼門」ではなく、明るい未来につながる門――「開運の門」を開くようになったのです。

冒頭に、橋本さんに起こったのは「奇跡《きせき》の躍進《やくしん》」であると言いました。

確かに、評価EからG1への変化は、社員5万人を擁《よう》する大会社の歴史においても、前例のない奇跡的な現実です。

しかし、それは、「奇跡」であって、実は「奇跡」ではありません。

自らの内に魂としての新たな自分を生み出し、「開運の門」を開くことができるようになったとき、それは、誰《だれ》の人生にも起こり得るからです。

「命運路《めいうんろ》」という人生観

私たちは、たとえ気づかなくても、常に光か闇《やみ》か、いずれかの道を選択《せんたく》しています。どんな状況でも、光転――明るい未来を開く良き道か、暗転――未来を閉ざす暗き道かのどちらかを選んでいるということです。

その選択を無数に繰《く》り返しているのが、私たちの人生です。

人生には、次ページの図7に示すように、上下左右に広がる選択の網目《あみめ》があり、私たちは、その中の1つの道を選んでいます。

この道は、私たちの「命《いのち》」を運ぶ道であり、私は**「命運路」**と呼んできました。

この「命運路」の道筋は人の数だけあり、誰《だれ》1人同じ道を歩む人はいません。

私たちは、「命運路」を通じて、それぞれが人生に託《たく》した願いを成就《じょうじゅ》することをめざして歩んでいます。

しかし、「命運路」を自分の思い通りに歩むことは至難《しなん》の業《わざ》です。

命運路

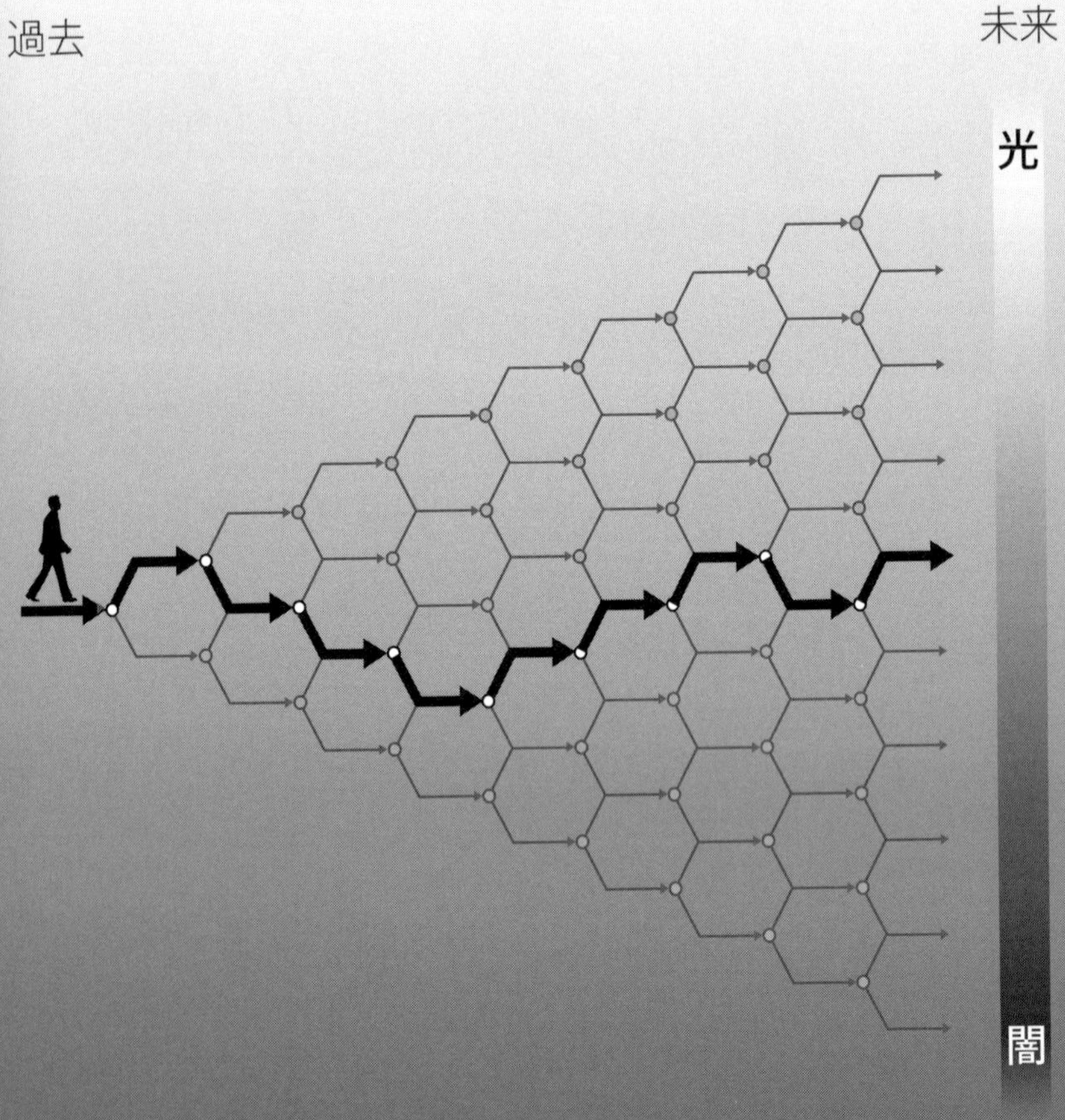

図 7

なぜなら、これまで見てきたように、私たちの心は十全にはたらくことなく、本来の「心の力」を発揮《はっき》できないからです。

私たちは、誰1人例外なく、人生の成り立ちの中で様々な思い込《こ》み、固定観念、先入観、偏見《へんけん》など、偏《かたよ》った見方や考え方を抱《かか》え、心に歪《ゆが》みをつくってしまいます。

そのうえ、「憑《つ》きもの」に取り憑かれ、支配されてしまったらどうでしょう。人生は、下降の一途《いっと》をたどってゆくに違《ちが》いありません。

それだけではありません。そこで「鬼門《きもん》」を開こうものなら、思わぬ転落を避《さ》けることはできないでしょう（図8）。まさに苦難の「命運路」にならざるを得ないのです。

「絶対に行けないゾーン」に到達する

しかし、「憑《つ》きもの落とし」を果たし、「心の力」を蘇《よみがえ》らせ、感覚・感情・思考・意志を全機させることができるならばどうでしょう。

私たちは、これまでどんなに願っても踏《ふ》み入ることができなかった場所、「絶対に行けないゾーン」に到達することもできるのです（図9）。

サラリーマンとして、奈落《ならく》の底のE評価を受けた橋本さんにとって、その後、自分が

「鬼門」が開くと思わぬ転落が起こる

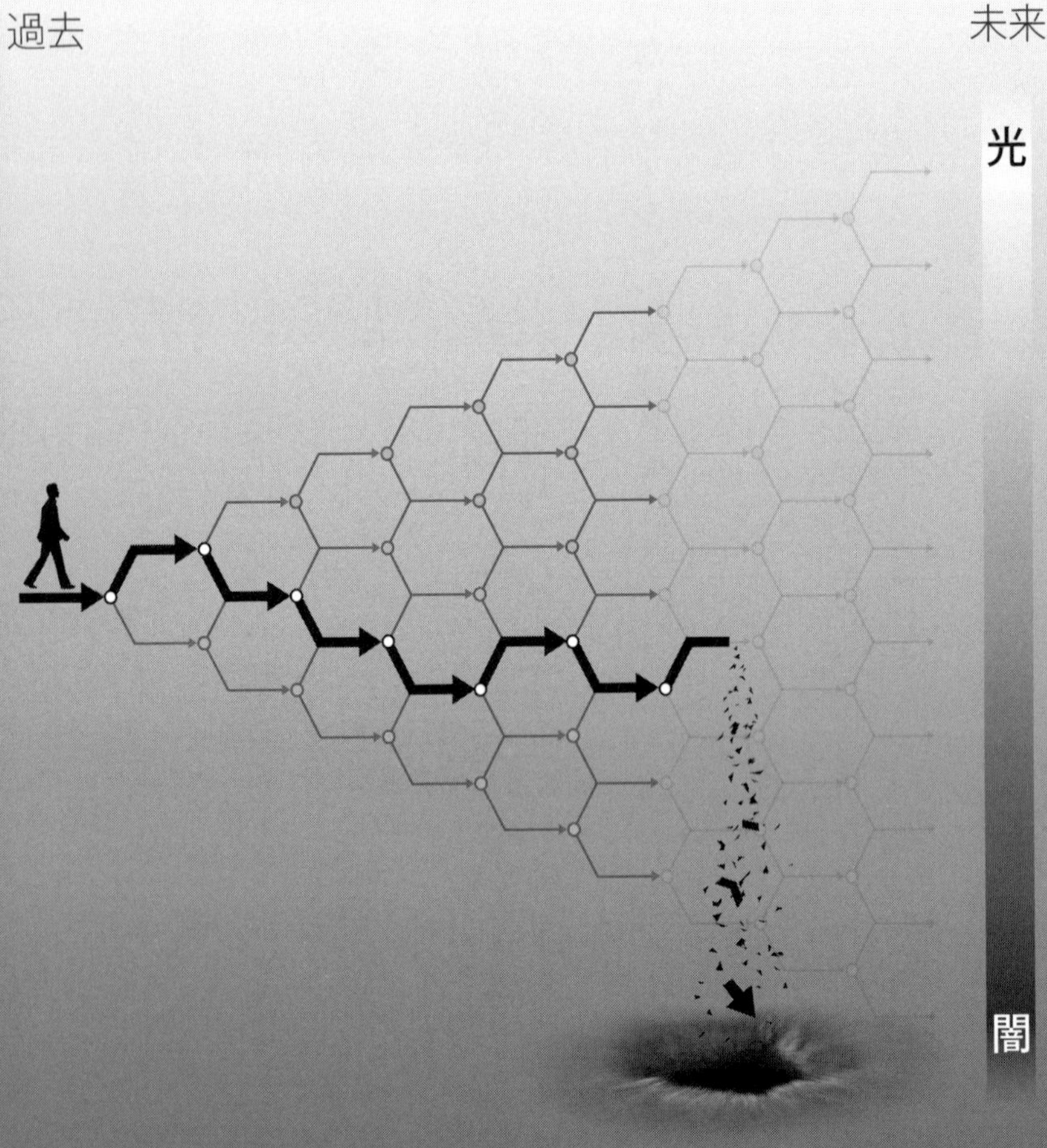

図 8

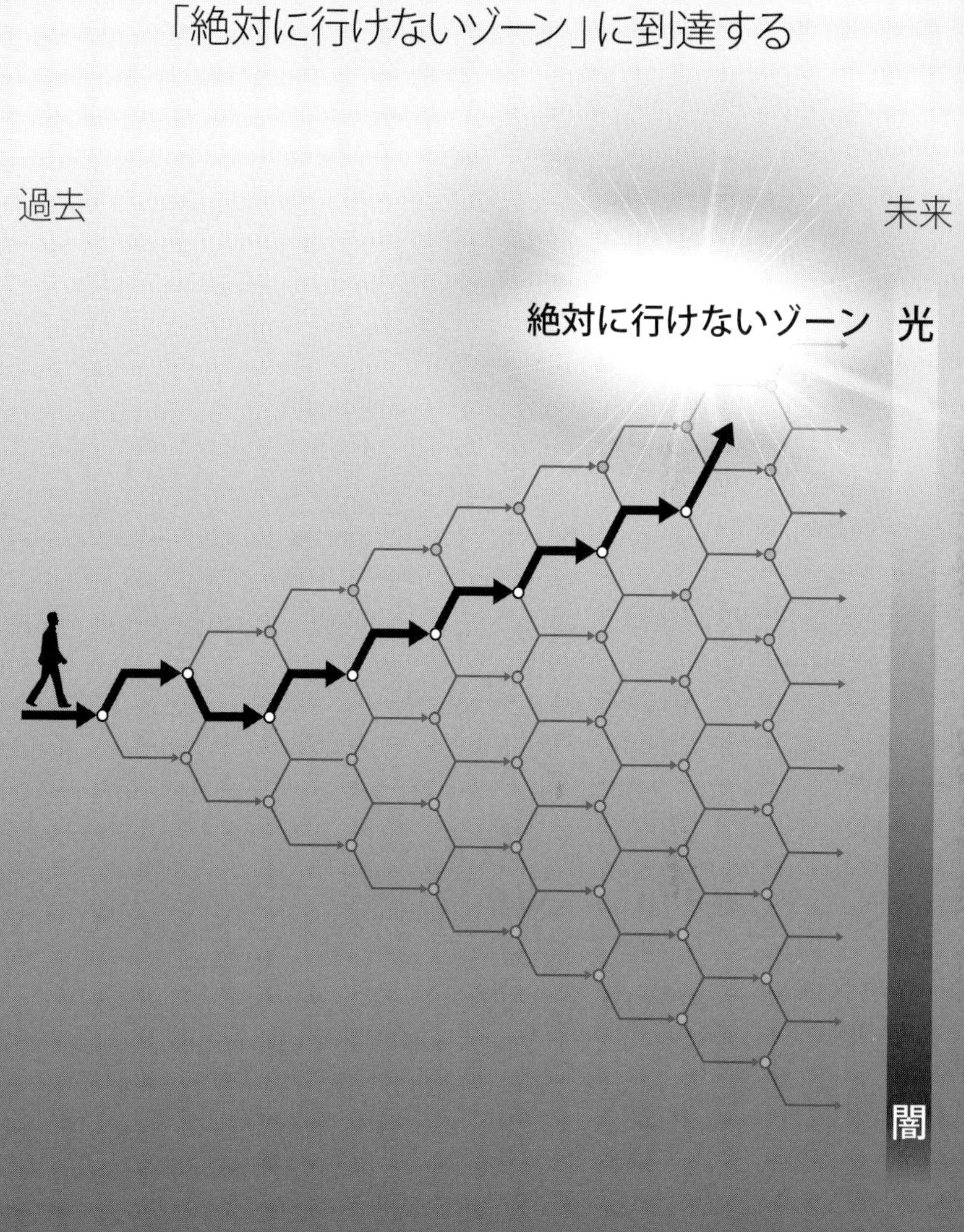

図 9

G1という最高の職階にまで上《のぼ》り詰《つ》める未来を想像することなど、決してできなかったに違《ちが》いありません。

当時の橋本さんにとって、まさにその場所は「絶対に行けないゾーン」だったのです。

橋本さんだけではありません。

第1章の谷口さんが行き着いた「絶対に行けないゾーン」。

それは、開発競争で圧倒的に不利な状況に加え、東日本大震災で東北工場が壊滅的《かいめつてき》な被害を受けるという絶体絶命の危機の中で、「東北の社員を守りたい」という願いに立ち帰り、競合2社を押さえて開発パートナーに選ばれたこと。

さらに、誰《だれ》もが不可能としか思えなかった競合W社との契約《けいやく》に成功。その結果、大きな世界シェアを獲得《かくとく》し、これまでにない事業成長が見込《こ》まれる状況を達成できたことにほかなりません。

それ以上に、かつては「勝たなければ生き残れない」と信じ、競争に追われていた心が、他者と共鳴し、共に未来を創《つく》るという新たな心に変わったこと。「雲1つない青空のような心」で前向きに人生を歩むことができるようになったことは、まさに谷口さんにとっての「絶対に行けないゾーン」でした。

第2章の黒坂さんと加藤さんの実践は、道半《みちなか》ばであると言ってもよいでしょう。

しかし、お2人の実践の結果、そこに現れた世界は、まぎれもなく「絶対に行けないゾーン」であることに変わりはありません。

黒坂さんにとっては、営業成績最下位という苦境から脱《だっ》し、仲間と共に新たな市場を開拓《かいたく》して、営業所の雰囲気《ふんいき》を一変《いっぺん》させたこと。本社の研修で、自らの願いを本心から語り、最優秀評価を受けたという成果。それは、かつて「雪が降らないから仕方《しかた》がない」と思い込んでいた黒坂さんには、想像もできない未来でした。

加藤さんにとっては、幼少期の恐怖や自己防衛的な態度を乗り越え、末期《まっき》の肺がんのIさんと心を通《かよ》わせ、最期《さいご》まで希望を支えるケアを実践できたこと。「どうせ自分にはできない」と距離《きょり》を取っていた過去から、利用者と深い絆《きずな》を結び、介護を心のケアにまで昇華《しょうか》させたことは、かつての加藤さんには考えられない未来だったのです。

そして、第3章の三宅《みやけ》さんにとっての「絶対にいけないゾーン」は、父親の会社を仕方なく継《つ》ぐことから、自らの意志で経営を担《にな》い、社員と共に働く経営者へと成長し、事業を改革するリーダーとなったことです。

とりわけ店長の言葉に耳を傾《かたむ》け、父親を説得して新しいシステムを導入し、業績をV

字回復させたことは、予想もできない未来だったに違いありません。

私たちの人生は、闇《やみ》と光が交差する無数の道から成る「命運路《めいうんろ》」です。

ときに、その路《みち》を暗闇《くらやみ》が支配することもあるでしょう。

行く先には暗雲が垂《た》れ込め、雷鳴《らいめい》のような不穏《ふおん》な響《ひび》きが遠くから聞こえてくる――。

越えられない断崖《だんがい》を前にして、人生は、行き場のない隘路《あいろ》に迷い込むことになります。

けれども、**自らの心に取り憑《つ》いた「憑きもの」を自覚し、その鎖《くさり》を解き放《はな》ち、「心の力」に目覚めたとき、恐怖に満ちていた光景に一筋《ひとすじ》の光が射《さ》し込むのです。**

暗雲の切れ間から射し込む光は、まるで天空から差し伸《の》べられた道標《みちしるべ》のように、立ちはだかる絶壁《ぜっぺき》を乗り越える路《みち》を照《て》らし出します。

遠く霞《かす》んでいた風景が少しずつ色彩《しきさい》を帯《お》び、荒涼《こうりょう》とした崖《がけ》の向こうに、静かな湖や緑豊かな大地が広がる光景が見えてきます。その微《かす》かなヴィジョンが心に訪れたとき、誰もが「私もそこに行きたい。何としてもそこに行くのだ！」という想いを確かにするのです。

これまで、「魂の学」を実践する多くの人々がその道を歩んできました。

本書で紹介した谷口さん、黒坂さん、加藤さん、三宅さん、橋本さんも、その道を歩んだ方々です。

暗闇の中に射し込む光を追いかけるように、一歩一歩、歩みを進めるうちに、閉ざされていた門がゆっくりと開き、大きな虹《にじ》の橋へと導かれる。

その道中には、共に願いを語り、その道を踏みしめる歓びを分かち合う仲間が待っていました。その仲間たちと一緒に足を踏み入れた場所。そこが、まさにかつては絶対に行けないと思っていた場所――。しかしそれは、行くことが約束されていた場所なのです。

そこに至《いた》る道は、すべての人が歩むことができる道です。

そして、その場所は、「今や遅《おそ》し」とあなたの到着を待っているのです。

たとえ今、人生が暗闇に覆《おお》われ、行くべき道を見失っていても、どうか目をそらさず、あなたが行くべき「約束の場所」を見据《みす》えてください。

すべてが開かれたその場所で、あなたは本当の自分に出会い、あなたの人生の物語の主人公になれるのです。

図版イラスト素材・コピーライト一覧

P31

iStock.com/ alvarez
iStock.com/ Clerkenwell
iStock.com/ Fiers
iStock.com/ kazuma seki
iStock.com/ paprikaworks
iStock.com/ PeopleImages
iStock.com/ Pogonici
buritora / PIXTA（ピクスタ）

P34

iStock.com / f11photo

P40

enot-poloskun：ゲッティイメージズ提供
Stocktrek：ゲッティイメージズ提供
Stocktrek Images：ゲッティイメージズ提供
iStock.com / Abrill_
iStock.com / alenaohneva
iStock.com / doomu
iStock.com / dottedhippo
iStock.com / Dragon Claws
iStock.com / Jian Fan
iStock.com / kohei_hara
iStock.com / Mode-list
iStock.com / Mohammed Haneefa Nizamudeen
iStock.com / Nazarii Neshcherenskyi
iStock.com / Rasi Bhadramani
iStock.com / sasha85ru
iStock.com / Sefa kart
iStock.com / synthetick
iStock.com / Thanapol sinsrang
iStock.com / voyata
kotoffei / Shutterstock.com
Oleksandra Klestova / Shutterstock.com

P46

Kris Vlad：ゲッティイメージズ提供
Sanjin Wang：ゲッティイメージズ提供
iStock.com / AndreyPopov
iStock.com / Aphelleon
iStock.com / Procy_ab

P48

iStock.com / amriphoto

P97

SEBASTIAN KAULITZKI：ゲッティイメージズ提供

P169

iStock.com / yacobchuk

P171

iStock.com / msan10

P176

iStock.com / xijian

P181

iStock.com / bamlou
iStock.com / EyeEm Mobile GmbH
iStock.com / g-stockstudio
iStock.com / Intellson
iStock.com / monsitj
iStock.com / paulaphoto
iStock.com / Ron and Patty Thomas
iStock.com / welcomia
iStock.com / Yagi-Studio
Kreativorks / Shutterstock.com
Marykor / Shutterstock.com
Martin Hibberd / Shutterstock.com
Stockbusters / Shutterstock.com

P228

iStock.com / blackdovfx
iStock.com / fad1986
iStock.com / monsitj
iStock.com / nadla
iStock.com / ozgurdonmaz
iStock.com / Sezeryadigar
iStock.com / sqback
iStock.com / Vertigo3d
iStock.com / vetkit
iStock.com / VitalyEdush
Bobrovee / PIXTA（ピクスタ）
key / PIXTA（ピクスタ）
ふじよ / PIXTA（ピクスタ）

P231

iStock.com / studiodav
iStock.com / StudioM1

P237

saki / PIXTA（ピクスタ）
Crearte Studios / Shutterstock.com

◎本書の内容をさらに深く知りたい方へ

本書の内容をさらに深く知りたいと思われる方には、高橋佳子氏が提唱する「魂の学」を学び実践する場、GLAがあります。
詳しくは下記までご連絡ください。

GLA
〒111-0034 東京都台東区雷門2-18-3　Tel.03-3843-7001
https://www.gla.or.jp/

また、高橋佳子氏の講演会が、毎年、開催されています。
詳しい開催概要等については、以下までお問い合わせください。

高橋佳子講演会実行委員会
お問い合わせ専用ダイヤル Tel.03-5828-1587
https://www.keikotakahashi-lecture.jp/

著者プロフィール

高橋佳子（たかはし けいこ）

現代社会が抱える様々な課題の根本に、人間が永遠の生命としての「魂の原点」を見失った存在の空洞化があると説き、その原点回復を導く新たな人間観・世界観を「魂の学」として集成。誰もが、日々の生活の中でその道を歩めるように、実践の原則と手法を体系化している。現在、「魂の学」の実践団体GLAを主宰し、講義や個人指導は年間300回以上に及ぶ。あらゆる世代・職業の人々の人生に寄り添い、導くとともに、日本と世界の未来を見すえて、21世紀の新しいリーダー育成のために「トータルライフ（TL）人間学セミナー」を1996年より毎年開催し、経営・医療・教育・法務・福祉・芸術など、様々な分野の専門家への指導にあたる。魂の次元から現実の問題を捉える卓越した指導は、まさに「人生と仕事の総合コンサルタント」として、各方面から絶大な信頼が寄せられている。1992年から一般に向けて各地で開催する講演会には、これまでに延べ170万人が参加。著書は『もう1人の自分』『人生を取り戻す』『2つの扉』『ゴールデンパス』『自分を知る力』『最高の人生のつくり方』『運命の逆転』『1億総自己ベストの時代』『魂の冒険』『新・祈りのみち』（以上、三宝出版）など90冊を超える。

心の力——人生に奇跡を起こすたった1つの方法

2025年4月20日　初版第1刷発行
2025年4月30日　初版第2刷発行

著　者　高橋佳子
発行者　田中圭樹
発行所　三宝出版株式会社
〒111-0034　東京都台東区雷門2-3-10
電話　03-5828-0600　https://www.sampoh.co.jp/
印刷所　株式会社アクティブ
装　幀　松井ゆい子

ISBN978-4-87928-147-0